LES C

HIS
DE FRANCE

Textes de **Sandrine Mirza**
Illustrations de **Étienne Jung**

Nathan

Mets un max de chance de ton côté !

Gagne un Superjoker en trouvant le mot mystère !

Remplis les cases vides avec les lettres

A, C, I, N, O, R, T, U, Z

en veillant toujours à ce qu'une même lettre ne figure qu'une seule fois par colonne, une seule fois par ligne, une seule fois par grande diagonale et une seule fois par carré de neuf cases.

	U	N	Z	O		T	C	
C			T	N			I	
	O		R			Z		U
O		Z		T			U	
N	A				R		Z	
		C	I	Z		A	T	
		A	C	R				I
I	T			U	N	C		
R		U			Z	N	A	

Tu as trouvé le mot mystère ?

Entre-le vite dans l'application.

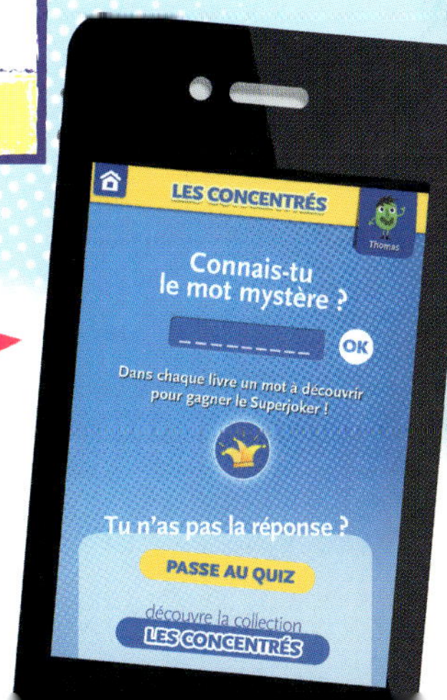

1515 : Marignan ! Tout le monde connaît. Mais savez-vous qu'il s'agit d'une grande bataille gagnée par François Ier... en Italie ? Et qu'en Italie le jeune roi découvre la Renaissance et décide de l'introduire en France ?

L'histoire de France touche tous les domaines : politique, militaire, économique, social, religieux, artistique et technologique. Au fil des 50 dates choisies, vous rencontrerez de grands hommes d'État (Louis XIV, Napoléon, Charles de Gaulle) et vous visiterez des monuments grandioses (grotte de Lascaux, château de Versailles, tour Eiffel)... Vous assisterez à des batailles sanglantes (Alésia, Bouvines, Verdun), vous vivrez de terribles crises (peste noire, Saint-Barthélemy, Révolution française) et de profonds bouleversements (révolution industrielle, mai 68, passage à l'euro).

Ce passé, plein de hauts faits, de personnages d'exception et d'anecdotes savoureuses, a façonné la France d'aujourd'hui.

Alors, en route pour 40 000 ans d'histoire de France !

sommaire

- **Préhistoire** / paléolithique supérieur
- **nomadisme**, chasse, cueillette
- **grottes peintes**

-40 000

Cro-Magnon

L'homme moderne (*Homo sapiens*) apparaît sur le territoire français durant la préhistoire, vers -40 000. Également appelé Cro-Magnon, il vit de la cueillette, de la pêche et de la chasse. Il est nomade et suit les migrations du gibier. Il campe et aménage des abris-sous-roche. Intelligent, très habile de ses mains, il travaille le cuir, taille la pierre, sculpte l'os et le bois. Il peint également et couvre de magnifiques fresques les parois de certaines grottes.

En Dordogne, se trouve la grotte de Lascaux, un chef-d'œuvre daté de -18 000. Son décor, composé de 600 peintures, représente des taureaux, des aurochs, des chevaux, des cerfs, des bisons... Il fait preuve d'une grande qualité artistique, mais pas seulement : selon les spécialistes, ces images jouaient aussi un rôle magique ou religieux.

EN VO

L'homme de Cro-Magnon doit son nom à son lieu de découverte, en 1868 : l'abri de Cro-Magnon, aux Eyzies, en Dordogne.

AH BON ?

Pendant 10 000 ans, deux espèces humaines cohabitent : l'homme de Cro-Magnon et l'homme de Néandertal. Ce dernier disparaît mystérieusement vers -30 000.

CHRONO

LES GROTTES DÉCORÉES

- **-31 000** grotte Chauvet, Ardèche
- **-27 000** grotte Cosquer, Bouches-du-Rhône (entrée sous-marine)
- **-25 000** grotte du Pech Merle, Lot
- **-22 000** grotte de Cussac, Dordogne (gravures)

- **Préhistoire** / néolithique
- **sédentarisation**, agriculture, élevage
- **mégalithes**

DUR !

Avec ses 20,6 mètres, le menhir de Locmariaquer (Morbihan) est le plus grand d'Europe ; malheureusement, il est brisé et couché... depuis déjà 6000 ans !

LA CLASSE !

Célèbre statue-menhir, la « Dame de Saint-Sernin » porte un vêtement plissé, une ceinture et un collier.

-5500

Révolution néolithique

Amorcée au Moyen-Orient vers -10000, la « révolution néolithique » touche la France vers -5500. Peu à peu, elle provoque d'importants changements. Les populations se mettent à produire leur nourriture : culture de céréales (blé, orge) et d'autres plantes (lentilles, pois), élevage d'animaux (chèvres, moutons, vaches, cochons). Elles se sédentarisent et fondent des villages. Elles fabriquent des poteries.

Vers -4500, les hommes du néolithique se lancent dans la construction d'énormes monuments : les mégalithes (« grosses pierres » en grec). Ils construisent des dolmens, des sépultures, et dressent des menhirs (« pierres longues » en breton). À Carnac, dans le Morbihan, ils alignent quelque 3000 menhirs, souvent hauts de 3 à 6 mètres. Mais on ignore encore la signification de ces alignements.

CHRONO

LES MÉGALITHES CÉLÈBRES

- **-4500** : cairn (11 dolmens) de Barnenez, Finistère
- **-3500** : dolmen orné de Gavrinis, Morbihan
- **-2500** : dolmen de la Roche-aux-Fées, Ille-et-Vilaine
- **-1800** : statues-menhirs de Filitosa, Corse

- **Antiquité**
- **colonie grecque**, port commercial
- **première grande ville**

-600

Fondation de Massalia

Grecs d'Asie Mineure (Turquie actuelle), les Phocéens sont des marins et des commerçants. Vers -600, ils débarquent dans le sud de la Gaule (France actuelle), près du delta du Rhône, et fondent une colonie : Massalia, la future Marseille, la première véritable cité du territoire français. Les colons apportent avec eux la civilisation grecque : l'architecture, la religion, la culture de la vigne et de l'olivier, la vaisselle de luxe, l'alphabet…

Les Massaliotes font de leur ville un grand port et un important carrefour commercial entre le Bassin méditerranéen et l'Europe du Nord. Massalia a vu naître deux célèbres navigateurs : Euthymènes (vers -400), qui longe une partie des côtes africaines, et Pythéas (vers -330), qui explore les mers du Nord, sans doute du côté de l'Islande, puis de la mer Baltique.

LE POTIN

Selon la légende, Gyptis, une princesse locale, choisit d'épouser Protis, un chef phocéen. Ensemble, ils bâtissent Massalia.

EN VO

Les Massaliotes étendent leur pouvoir et créent d'autres ports : Nikaia (Nice), Antipolis (Antibes), Olbia (Hyères), Citharista (La Ciotat)…

CHRONO EXPRESS

- **-600** fondation grecque
- **-300** entre 30 000 et 40 000 habitants
- **-49** passe sous domination romaine

- **Antiquité** / civilisation celte
- **travail du fer**, druidisme
- environ **100 tribus gauloises**

EN VO

Sur les rives de la Seine vit la tribu gauloise des Parisii. Sa capitale se nomme Lutèce (Loukotokia en grec, Lutetia en latin), le futur Paris.

TROP GORE !

Les Gaulois construisent des sanctuaires religieux, qu'ils décorent d'armes, de cornes de bœufs et de crânes humains !

-500

Gaule celte

Venus d'Europe de l'Est, les Celtes s'implantent en Gaule à partir de -500 (civilisation de la Tène ou second âge du fer) et prennent le nom de Gaulois. Ce sont de redoutables guerriers, mais aussi d'excellents agriculteurs et d'habiles artisans. Grâce à leur maîtrise de la métallurgie, ils fabriquent des armes et des outils en fer très solides. Ils vivent à la campagne, dans des fermes, ou à la ville, dans des agglomérations perchées et fortifiées appelées « oppida ».

Les Gaulois se divisent en tribus, chacune commandée par un chef. Ils écoutent aussi leurs « druides », des prêtres qui détiennent le savoir : médecine, astronomie, droit, etc. Ils honorent toutes sortes de divinités comme Taranis, le dieu de l'orage, Épona, la déesse des chevaux, ou Cernunnos, l'homme-cerf.

CHRONO

LES SITES GAULOIS

- **-480** tombe de la princesse de Vix
- **-280** Gournay-sur-Aronde, sanctuaire des Bellovaques
- **-100** Bibracte, oppidum des Éduens
- **-80** Corent, oppidum des Arvernes

- **Antiquité** / Gaule romaine
- **guerre des Gaules**
- **Vercingétorix** (-72/-46) contre **Jules César** (-101/-44)

-52

Bataille d'Alésia

En -58, deux tribus gauloises s'affrontent; menacés par les Helvètes, les Éduens demandent l'aide des Romains. Commence alors «la guerre des Gaules» : Jules César intervient, mâte les Helvètes et, dans la foulée, continue la conquête de la Gaule. D'abord divisées, les tribus gauloises finissent par se rassembler derrière un jeune chef arverne : Vercingétorix.

Celui-ci organise un soulèvement et bat les Romains à la bataille de Gergovie, au printemps -52. Mais il se retrouve en difficulté pendant la bataille d'Alésia, durant l'été -52. Pris au piège, il se rend à Jules César, qui le jette dans un cachot romain.

Dès lors, les Gaulois, vaincus, perdent leur indépendance et passent sous domination romaine. Des traditions gauloises et du mode de vie romain naît la civilisation gallo-romaine. Lugdunum (Lyon) devient la capitale des Gaules. Toutes les grandes villes se couvrent de monuments «à la romaine» : théâtres, amphithéâtres (ou arènes), fontaines, thermes (ou bains), temples.

MOTIVÉ !

Vercingétorix pratique la tactique de la «terre brûlée». Pour affamer les troupes romaines, il fait incendier les fermes et les récoltes gauloises.

DUR !

La guerre aurait fait entre 600000 et 1 million de morts parmi les Gaulois, et autant de prisonniers, voués à l'esclavage.

CHRONO EXPRESS

- **-125** conquête de la Narbonnaise
- **-58** soumission des Helvètes (Suisse)
- **-57** conquête de la Belgique

LA **HAINE !**

Captif pendant 6 ans, Vercingétorix sort de sa prison en -46, pour être exhibé lors du triomphe de Jules César, puis il est exécuté.

Assiégé par Jules César, qui a construit autour de l'oppidum d'Alésia deux lignes de fortifications, Vercingétorix se retrouve coupé du monde. Privé de ravitaillement, sans aide extérieure, il doit capituler.

MALIN !

As de la propagande, Jules César écrit lui-même les *Commentaires sur la guerre des Gaules*, un livre qui raconte la conquête et met en lumière ses victoires.

- **-56** conquête de l'Aquitaine
- **-52** soumission des Arvernes (Auvergne)
- **-51** pacification de toute la Gaule

AH **BON ?**

Les Romains disent «les Gaules» car, selon eux, il en existe plusieurs : la Narbonnaise (sud-est), l'Aquitaine (sud-ouest), la Lyonnaise (nord-ouest et centre) et la Belgique (nord-est).

- **Antiquité** / Gaule romaine
- **premiers chrétiens**, persécutions
- **Sainte Blandine**, patronne de Lyon

177

Martyre de Blandine

Vers l'an 29, Jésus de Nazareth meurt crucifié à Jérusalem (Proche-Orient). Ses disciples croient en sa résurrection et pensent qu'il est le Messie, c'est-à-dire le Sauveur. Ils fondent une nouvelle religion : le christianisme. La foi chrétienne se propage et arrive en Gaule vers l'an 100.

Mais les Romains ne lui réservent pas toujours un bon accueil. En 177, ils exécutent 48 chrétiens de Lyon. Parmi les martyrs se trouve une femme, Blandine, célèbre pour son courage extraordinaire.

La situation change en 313, quand Constantin Ier accorde la liberté de culte aux chrétiens, et en 392, quand Théodose Ier fait du christianisme la religion officielle de l'Empire. Dès lors, l'Église chrétienne se développe, calquant son organisation sur celle de l'administration romaine. Elle s'appuie sur des évêques, qui guident la communauté et s'emploient à convertir de plus en plus de fidèles, à travers toute la Gaule. Elle implante des lieux de culte : chapelles, églises, baptistères où se font les baptêmes...

AH BON ?

Les chrétiens n'ont qu'un seul dieu, aussi refusent-ils de participer au culte de l'empereur. Les Romains voient ce rejet comme un manque de civisme dangereux.

MALIN !

Le christianisme encourage le culte des saints, qui remplace plus ou moins le polythéisme auprès des populations fraîchement converties.

CHRONO

LES PREMIERS CHRÉTIENS

177 Blandine et Pothin, persécutés à Lyon

200 Irénée de Lyon, premier grand théologien d'Occident

314 concile d'Arles, réunissant des évêques gallo-romains

Livrée aux bêtes féroces (qui l'épargnent), fouettée, passée au gril, enroulée dans un filet et jetée devant un taureau sauvage, Blandine se réfugie dans sa foi et résiste à toutes les tortures. Elle est finalement égorgée.

DUR !

Pothin est le premier évêque de Lyon et le premier évêque des Gaules. Emprisonné, il meurt en même temps que Blandine.

HALLUCINANT !

Saint légendaire, Denis aurait été le premier évêque de Paris. Décapité, il aurait récupéré sa tête et serait parti à pied !

350

Hilaire, évêque de Poitiers et théologien

371

Martin de Tours, apôtre des Gaules

LA STAR

Martin, évêque de Tours en 371, est surnommé l'« apôtre des Gaules ». Il a converti les populations, détruisant les temples païens, édifiant des églises et des monastères.

- **fin de l'Antiquité** / début du Moyen Âge
- influence **germanique**
- **Wisigoths**, **Francs**, **Burgondes**

406

Invasions barbares

Les Romains nomment « Germains » les peuples barbares du nord et de l'est de l'Europe : Rhénanie, mer du Nord, mer Baltique, mer Noire… Ils s'en protègent grâce à une ligne de fortifications, le « limes ». Des Germains, peu nombreux, passent parfois cette frontière et s'intègrent.

Mais soudain ils arrivent en masse, fuyant devant les Huns, des cavaliers nomades terrifiants, originaires des steppes asiatiques. En 406, les Vandales et les Suèves traversent le Rhin et déferlent en Gaule, ravageant tout sur leur passage. En 410, les Wisigoths pillent Rome et gagnent le sud de la Gaule. Vers 430, les Francs s'installent dans le nord de la Gaule. À partir de 443, les Burgondes se fixent dans la vallée du Rhône.

L'Empire romain ne résiste pas à ces assauts ; le dernier empereur doit abdiquer en 476. Les Germains en profitent pour faire main basse sur la Gaule et se tailler de vastes royaumes. De ces bouleversements émerge une nouvelle civilisation, mêlant les influences gallo-romaine, germanique et chrétienne.

EN VO

Les Romains appellent « barbares » tous les peuples qui n'appartiennent pas à l'Empire et qui ne partagent pas leur culture : langue, dieux, mœurs…

SYMPA !

Les Germains ont la passion des bijoux. Orfèvres de talent, ils fabriquent de somptueuses parures d'or, incrustées de pierres précieuses colorées.

CHRONO EXPRESS

- **406** invasion des premiers barbares
- **410** pillage de Rome par les Wisigoths
- **418** Wisigoths à Toulouse

MOTIVÉ !

Armé jusqu'aux dents, le guerrier franc porte une hache de jet (francisque), un grand couteau (scramasaxe), une épée, une lance et un bouclier.

DUR !

En 451, Attila, le chef des Huns, envahit la Gaule. Il est repoussé par le Romain Aetius et ses alliés barbares lors de la bataille des champs Catalauniques (en Champagne).

Le 31 décembre 406, les Vandales et les Suèves profitent de l'hiver pour franchir, avec femmes et enfants, le Rhin complètement gelé. Ils sont accompagnés d'Alains, un peuple barbare non germanique originaire du Caucase.

- **451** — Attila stoppé aux champs Catalauniques
- **461** — Burgondes à Lyon
- **476** — fin de l'Empire romain d'Occident

LA CLASSE !

Les peuples germaniques ont donné leur nom à de nombreuses régions : Francs/France, Burgondes/Bourgogne, Alamans/Allemagne, Angles/Angleterre...

- **Moyen Âge** / Mérovingiens
- **royaume franc**
- **Clovis Ier** (466-511)

481

Clovis, roi des Francs

À partir de 430, les Francs contrôlent le nord de la Gaule depuis leur capitale, Tournai (Belgique actuelle). En 481, Clovis succède à son père comme roi des Francs ; il appartient à la dynastie des Mérovingiens, du nom de son grand-père, Mérovée.

Ambitieux, Clovis mène une politique de conquête. En 486, il bat le général romain Syagrius, maître d'une enclave gallo-romaine entre la Somme et la Loire. Il lui arrache Soissons et Paris, dont il fait sa capitale. En 496, il repousse les Alamans à la bataille de Tolbiac et récupère la vallée du Rhin. En 507, il écrase les Wisigoths à la bataille de Vouillé et étend son royaume jusqu'aux Pyrénées. Il décide aussi de se convertir au christianisme. Vers 498, il se fait baptiser par l'évêque Rémi, à Reims. Ainsi, il se positionne comme l'héritier de l'Empire romain et le défenseur de l'Église.

LE POTIN

Clovis s'allie aux Burgondes en épousant la princesse Clotilde. Chrétienne, celle-ci aurait contribué à sa conversion.

BIEN DIT !

Lors du pillage de Soissons, un guerrier aurait refusé de céder un vase à Clovis. Un an après, Clovis l'aurait tué en lui disant : « Souviens-toi du vase de Soissons. »

CHRONO EXPRESS

- **486** victoire de Soissons, contre Syagrius
- **496** victoire de Tolbiac, contre les Alamans
- **498** baptême de Clovis
- **507** victoire de Vouillé, contre les Wisigoths

- **Moyen Âge**/premiers Carolingiens
- **arrêt de l'expansion arabe**
- **Charles Martel** (688-741) et **Pépin le Bref** (715-768)

DUR !

Après la conquête de l'Espagne en 711, les Arabes pénètrent en France : ils occupent Narbonne et lancent des raids sur Toulouse, Lyon, Autun, Sens, Bordeaux...

EN VO

En vieux français, *martel* signifie «marteau». Charles a hérité de ce surnom parce qu'il frappait fort ses ennemis.

732

Charles Martel contre les Arabes

Depuis la mort de Dagobert, en 639, les Mérovingiens sont en plein déclin : leur territoire est morcelé et dirigé par des rois faibles, appelés «rois fainéants». En 717, Charles Martel devient maire du palais, une sorte de Premier ministre. En fait, il exerce le pouvoir en Austrasie (à l'est) et en Neustrie (à l'ouest).

En 732, il n'hésite pas à se rendre en Aquitaine pour défendre le duc Eudes, attaqué par les Arabes. Il bat le général Abd al-Rahman à Poitiers et met un point final à l'expansion arabe en Europe. Il profite de sa gloire pour étendre sa domination sur l'Aquitaine, la Bourgogne et la Provence! Mais c'est son fils, Pépin le Bref, qui légitime cette montée en puissance : il détrône le dernier roi mérovingien, se fait sacrer par le pape en 754 et fonde une nouvelle dynastie : les Carolingiens.

CHRONO EXPRESS

- **717** Charles Martel, maire du palais
- **732** victoire de Poitiers, contre les Arabes
- **737** victoire de la Berre, contre les Arabes
- **741** mort de Charles Martel

- **Moyen Âge** / Empire carolingien
- **puissance européenne**, rayonnement culturel
- **Charlemagne** (742-814)

LE POTIN

Charlemagne se marie 5 ou 6 fois. Il aime particulièrement la jolie Hildegarde, qui lui donne 9 enfants avant de mourir en couches à l'âge de 25 ans.

MALIN !

Charlemagne encourage l'instruction. Il demande aux évêques d'ouvrir des écoles pour former les futurs cadres laïcs et religieux de l'empire.

800

Charlemagne empereur

Fils de Pépin le Bref, Charlemagne (Charles le Grand, « Carolus Magnus » en latin) monte sur le trône en 768. Il hérite d'un vaste royaume, qu'il veut encore agrandir. Il conquiert la Saxe, la Lombardie, la Marche d'Espagne... et il prend la tête d'un immense empire européen qui s'étend de l'océan Atlantique au Danube et de la mer du Nord à la mer Méditerranée.

En 800, Charlemagne se fait couronner empereur d'Occident par le pape, à Rome. Depuis sa capitale, Aix-la-Chapelle, il mène une politique d'unification habile. Il impose le christianisme à tous ses peuples. Il met en place une puissante administration : il divise son territoire en quelque 300 comtés, gouvernés par des comtes, eux-mêmes contrôlés par des agents impériaux, les « missi dominici ». Il fixe les lois par écrit, sous forme de « capitulaires ».

De plus, Charlemagne favorise l'art et la culture. Cette « renaissance carolingienne » stimule notamment l'édification de splendides églises et la réalisation de somptueux manuscrits enluminés.

CHRONO EXPRESS

- **774** prise de Pavie, en Lombardie (Italie)
- **778** campagne d'Espagne, Roncevaux
- **788** soumission de la Bavière (Allemagne)

La cérémonie du sacre se déroule dans la basilique Saint-Pierre, à Rome, le 25 décembre 800. Charlemagne est couronné par le pape Léon III. Il se présente comme le continuateur de l'Empire romain d'Occident.

DUR !

En 778, l'armée de Charlemagne est taillée en pièces à Roncevaux, dans les Pyrénées. La «Chanson de Roland» évoque ce drame et raconte la mort du fameux chevalier Roland.

SYMPA !

Charlemagne entretient d'excellents rapports avec Harun al-Rashid, le calife de l'empire arabo-musulman. Ce dernier lui fait même cadeau d'un éléphant blanc.

800 — couronnement impérial

804 — soumission définitive de la Saxe (Allemagne)

805 — soumission des Avars (Hongrie)

LA HAINE !

En 843, par le traité de Verdun, les petits-fils de Charlemagne se partagent son empire. Ils le coupent en trois : Francie occidentale, Lotharingie et Francie orientale.

- **Moyen Âge** / fin des Carolingiens
- **invasions vikings**
- **Eudes**, comte de Paris (860-898)

885

Des Vikings à Paris

Venus du nord de l'Europe (Norvège, Suède, Danemark), les Vikings sont d'excellents navigateurs et d'intrépides guerriers. Depuis les années 780, ils écument les mers et les fleuves européens, toujours prêts à piller, à incendier et à terroriser les populations. Aussi, lorsqu'en 885, ils se présentent devant Paris, le comte Eudes et l'évêque Gozlin leur opposent une résistance farouche. Les Vikings font le siège de Paris pendant des mois.

Finalement, Charles le Gros, empereur carolingien et régent de Francie occidentale, accepte de négocier : contre la promesse d'épargner Paris, il leur verse un tribut et les laisse piller la Bourgogne ! Cet épisode ternit son image et souligne la faiblesse des rois carolingiens. En 888, Eudes, le héros du siège de Paris, est élu roi de Francie occidentale.

AH BON ?

Dans son poème *Siège de Paris par les Normands*, le moine Abbon estime l'armée viking à 700 bateaux à voile et au moins 30 000 guerriers !

EN VO

En 911, des Vikings, également appelés Normands (Hommes du Nord), s'installent à l'embouchure de la Seine et donnent leur nom à la Normandie.

CHRONO EXPRESS

- juillet 885 : prise de Rouen
- novembre 885 : siège de Paris
- septembre 886 : négociation de Charles le Gros
- novembre 886 : siège de Sens

- **Moyen Âge** / premiers Capétiens
- **féodalité**
- **Hugues Capet** (941-996) et **Robert II le Pieux** (972-1031)

RESPECT !

La cérémonie du sacre assure au roi une autorité incomparable. Il devient le lieutenant de Dieu sur terre.

MALIN !

La société féodale se compose de trois ordres : ceux qui combattent (les seigneurs), ceux qui prient (les religieux) et ceux qui travaillent (les paysans).

987

Hugues Capet sur le trône

À la mort d'Eudes, les Carolingiens tentent de rétablir leur pouvoir. Mais c'est finalement Hugues Capet, le petit-neveu d'Eudes, qui récupère la couronne de Francie occidentale. En 987, il est élu « roi des Francs » par une assemblée de seigneurs et reçoit le sacre. Il associe aussitôt son fils Robert à la royauté et fonde la dynastie capétienne.

À cette époque triomphe la féodalité, une organisation pyramidale du pouvoir : chaque seigneur (dit « vassal ») jure fidélité et obéissance à un seigneur plus important (dit « suzerain ») ; en échange, il reçoit sa protection et une terre (le fief). Hugues Capet occupe le sommet de cette pyramide mais, en réalité, il exerce un pouvoir limité car son royaume est morcelé, et nombre de ses puissants vassaux vivent de façon plus ou moins autonome.

CHRONO EXPRESS

960	968	972	987	996
Hugues Capet, duc des Francs	mariage avec Adelaïde d'Aquitaine	naissance de son fils Robert	Hugues Capet, roi des Francs	Robert II le Pieux, roi des Francs

- **Moyen Âge**
- **Francs en Terre sainte**, conflit entre chrétiens et musulmans
- **chevalerie**

EN VO

Durant les croisades, les chevaliers chrétiens portent une croix brodée sur leurs habits, d'où leur nom de «croisés».

RESPECT !

Les chrétiens considèrent Jérusalem comme une ville sainte et un haut lieu de pèlerinage. Ils visitent notamment le Saint-Sépulcre, le tombeau du Christ.

1095

Début des croisades

Le 27 novembre 1095, le pape Urbain II clôt le concile de Clermont, en Auvergne, par un appel à la croisade. Il veut reprendre Jérusalem (Proche-Orient) aux musulmans et délivrer le tombeau du Christ. Aussitôt, une foule de paysans et de gens simples se met en marche. Mais l'armée turque stoppe cette «croisade populaire» à Civitot, en 1096, et massacre environ 20 000 personnes.

La même année part la «croisade des chevaliers», qui rassemble plusieurs grands seigneurs francs : Raymond de Saint-Gilles, Godefroi de Bouillon, Baudouin de Boulogne, Hugues de Vermandois... En route, les croisés prennent Édesse et Antioche. Le 15 juillet 1099, ils s'emparent de Jérusalem et se livrent à trois jours de tueries et de saccages.

Forts de leurs victoires, certains croisés décident de rester en Orient et d'y créer des États chrétiens. Cette installation plonge la région dans une longue guerre entre musulmans et chrétiens et provoque sept autres croisades. Vaincus, les derniers Francs quittent la Terre sainte en 1291.

CHRONO EXPRESS

- 1147-1149 : deuxième croisade
- 1189-1192 : troisième croisade
- 1202-1204 : quatrième croisade
- 1217-1221 : cinquième croisade

DUR !

Pillages, dégradations, émeutes sanglantes, persécution des juifs : la «croisade populaire» ravage tout sur son passage!

MALIN !

Les croisés défendent un idéal religieux, mais pas seulement. Beaucoup ont aussi des ambitions personnelles : ils recherchent l'aventure et la gloire, veulent conquérir des terres et faire fortune.

Le message d'Urbain II est relayé par Pierre l'Ermite, un moine zélé qui prend la tête de la «croisade populaire». Composée d'hommes, de femmes et d'enfants, celle-ci forme une troupe désorganisée, quasi incontrôlable.

1228-1229 — sixième croisade

1248-1254 — septième croisade

1270 — huitième croisade

LE **DÉTAIL** QUI TUE

Pour protéger les pèlerins, il existe des «moines-soldats», comme les Hospitaliers et les Templiers. Moine et soldat : voilà deux fonctions plutôt contradictoires !

- **Moyen Âge** / dynastie capétienne
- **victoire des Francs**, affirmation de la France
- **Philippe II Auguste** (1165-1223)

1214

Bataille de Bouvines

Lorsque Philippe II Auguste devient roi des Francs, en 1180, tout l'ouest de son royaume, de la Normandie à l'Aquitaine, dépend des Plantagenêts, la dynastie des rois d'Angleterre. Philippe Auguste entame donc une habile politique de conquête et gagne du terrain. Piqué au vif, le Plantagenêt Jean sans Terre soulève contre lui une coalition.

Les deux camps se rencontrent le 27 juillet 1214, à Bouvines (Nord-Pas-de-Calais). Philippe Auguste et ses fidèles affrontent l'empereur germanique Otton IV, le comte de Flandre Ferrand et le comte de Boulogne Renaud. Après un combat acharné, Philippe Auguste remporte une victoire totale : Otton prend la fuite, Ferrand et Renaud sont faits prisonniers. Ce succès affirme la supériorité du roi des Francs et fait de la « France » une nation puissante.

RESPECT !

La bataille de Bouvines a lieu un dimanche, le jour du Seigneur. Elle est interprétée comme le jugement de Dieu en faveur des Francs.

LA CLASSE !

Signe de l'unification du royaume, Philippe Auguste remplace son titre de «roi des Francs» par celui de «roi de France».

CHRONO EXPRESS

1204 – conquête de la Normandie

2 juillet **1214** – victoire de la Roche-aux-Moines, contre les Anglais

27 juillet **1214** – victoire de Bouvines, contre les coalisés

1226

Saint Louis, roi de France

- **Moyen Âge** / dynastie capétienne
- renforcement du pouvoir royal, **croisades**
- **Louis IX**, dit Saint Louis (1214-1270)

Louis IX monte sur le trône de France en 1226. Il hérite d'une monarchie capétienne forte, à la tête d'un domaine royal en extension : Île-de-France, Artois, Normandie, Maine, Anjou, Auvergne... Il pacifie et unifie son royaume. Il consolide son pouvoir et met en place une meilleure justice.

Très religieux, il fait construire à Paris la Sainte-Chapelle pour abriter des reliques du Christ. Il fait également la chasse aux «infidèles». Dans le sud de la France, il réprime durement les cathares, des chrétiens qui ne suivent pas le dogme de l'Église. En Orient, il conduit deux croisades contre les musulmans : durant la septième, il est fait prisonnier; lors de la huitième, il tombe malade et meurt pendant le siège de Tunis, en 1270. Réputé pour sa sagesse et sa grande piété, il est canonisé dès 1297, sous le nom de Saint Louis.

SYMPA !

Saint Louis se veut l'ami des pauvres et des malades. À Paris, il fonde l'hôpital des Quinze-Vingts pour accueillir 300 – 15x20! – aveugles.

AH BON ?

Selon le chroniqueur Joinville, en été, Saint Louis avait l'habitude de rendre la justice dans le bois de Vincennes, assis sous un chêne.

CHRONO EXPRESS

- **1242** victoires de Taillebourg et de Saintes, contre les Anglais
- **1244** prise de Montségur, dernier refuge cathare
- **1248** départ pour la septième croisade
- **1270** départ pour la huitième croisade

- **Moyen Âge**
- **division de l'Église** catholique
- **pape Clément V** (1264-1314)

1309 Papes d'Avignon

Depuis 1054, les chrétiens se divisent en deux branches : les chrétiens « orthodoxes » en Orient et les chrétiens « catholiques » en Occident. Traditionnellement, le chef de l'Église catholique, le pape, vit à Rome. En 1305, la charge revient à un Français : l'archevêque de Bordeaux Bertrand de Got, qui devient le pape Clément V. Mais celui-ci refuse de rejoindre Rome, où règne la plus grande insécurité politique. En 1309, il arrive dans la région d'Avignon (Vaucluse).

Ses successeurs s'installent dans la cité d'Avignon et y construisent le palais des Papes. La situation reste stable jusqu'en 1378, date à laquelle deux papes sont élus, l'un à Avignon, soutenu par les Français, l'autre à Rome, défendu par les Romains. Un troisième pape est même élu à Pise en 1409 ! Cette incroyable rivalité cesse en 1417, avec la reconnaissance du pape de Rome, l'Italien Martin V.

LA CLASSE !

Cité des papes, Avignon abrite l'une des plus brillantes cours d'Europe et connaît un important rayonnement culturel et commercial.

LE DÉTAIL QUI TUE

De l'extérieur, le palais des Papes ressemble à une forteresse. Mais, à l'intérieur, il a tout d'un riche palais, décoré de fresques somptueuses.

CHRONO EXPRESS

- **1335** : construction du palais des Papes sous Benoît XII
- **1342** : agrandissement par Clément VI
- **1352** : aménagements sous Innocent VI

- **Moyen Âge**
- **épidémie** mortelle
- **flagellants**

DUR !

Les juifs sont accusés d'empoisonner l'eau pour propager la peste et tuer les chrétiens. Beaucoup sont jetés au bûcher.

TROP GORE !

Les gens voient ce fléau comme une punition divine. Pour se faire pardonner, les «flagellants» organisent des processions et se fouettent jusqu'au sang.

La peste noire

1347

Apparue en Asie, la peste arrive à Marseille en 1347, par l'intermédiaire de navires génois contaminés : dans leurs cales grouillent des rats couverts de puces infectées par le bacille de Yersin. La maladie revêt deux formes principales. La «peste bubonique» se transmet par les piqûres de puces; elle provoque des «bubons» (gonflements des ganglions) qui noircissent, d'où son nom de «peste noire». La «peste pulmonaire» passe d'homme à homme, par voie respiratoire.

Quoi qu'il en soit, cette terrible maladie est extrêmement contagieuse et bien souvent mortelle. En Europe, l'épidémie est foudroyante. Elle emporte environ un tiers de la population en seulement trois ans. Elle plonge la France dans la peur, le désespoir et le chaos : familles décimées, champs abandonnés, famines, émeutes...

CHRONO EXPRESS

- mars **1348** — après Marseille, la peste gagne Lyon et Toulouse
- août **1348** — Rouen, Paris
- janvier **1349** — Lille
- février **1349** — Strasbourg

- **Moyen Âge** / guerre de Cent Ans / premiers Capétiens-Valois
- **reconquête du royaume**, face aux Anglais
- **Jeanne d'Arc** (1412-1431), **Charles VII** (1403-1461)

1429

Jeanne d'Arc sauve la France

Charles IV décède en 1328, sans descendant. La couronne de France revient donc à son cousin Philippe VI de Valois. Mais le roi d'Angleterre la réclame aussi et décide d'envahir la France. Ainsi débute la guerre de Cent Ans.

D'abord humiliés par de nombreuses défaites, les Français relèvent la tête sous Charles V et son brillant chef militaire Bertrand Du Guesclin, qui récupèrent de nombreux territoires. Puis la situation dégénère de nouveau sous Charles VI, qui devient fou. Les chevaliers français se font massacrer à la bataille d'Azincourt, et les Anglais s'emparent d'une grande partie du royaume.

Arrive alors Jeanne d'Arc, une jeune fille qui se présente comme l'envoyée de Dieu. Elle motive les troupes françaises, prend les armes et délivre Orléans. Ensuite, elle légitime Charles VII en le faisant sacrer roi de France. Mais elle tombe aux mains des Anglais en 1430 et meurt brûlée vive à Rouen en 1431. Pourtant, les Français restent déterminés et achèvent la reconquête du royaume en 1453.

AH BON ?

Philippe VI de Valois récupère la couronne de France en vertu de la «loi salique», qui exclut les femmes de la succession.

SÉQUENCE ÉMOTION

Le 25 février 1429, Jeanne d'Arc rencontre le dauphin Charles à Chinon. Alors qu'elle ne l'a jamais vu, elle le reconnaît, comme par miracle, parmi tous les courtisans.

CHRONO
LA GUERRE DE CENT ANS

- **1337** invasion anglaise
- **1340** défaite navale de l'Écluse
- **1346** défaite de Crécy
- **1356** défaite de Poitiers

HALLUCINANT !

Jeanne d'Arc dit entendre des voix qui lui ordonnent de quitter son village, de «bouter les Anglais hors de France» et de faire sacrer le dauphin Charles à Reims.

DUR !

En 1431, Jeanne d'Arc est jugée par un tribunal religieux, dirigé par l'évêque Cauchon. Elle est condamnée pour hérésie (non-respect de la foi catholique) et conduite au bûcher.

Jeanne d'Arc, surnommée «la Pucelle», n'a que 17 ans lorsqu'elle fait le siège d'Orléans, le 8 mai 1429. Après cette grande victoire, elle prend part à d'autres combats : Jargeau, Paris, Saint-Pierre-le-Moûtier…

1415 — défaite d'Azincourt

1429 — victoire d'Orléans

1453 — victoire de Castillon

LE **DÉTAIL** QUI TUE

La guerre de Cent Ans dure en fait 116 ans, de 1337 à 1453. Cependant, elle connaît des périodes de trêve, notamment pendant la peste noire.

- **Renaissance**
- **guerres d'Italie**, rayonnement culturel
- **François Ier** (1494-1547), **Léonard de Vinci** (1452-1519)
- les **châteaux de la Loire**

SÉQUENCE **ÉMOTION**

Grand vainqueur de la bataille de Marignan, le jeune François Ier demande au chevalier Bayard, le héros des guerres d'Italie, de l'armer chevalier.

HALLUCINANT !

François Ier a pour emblème la salamandre, un animal que l'on dit résistant au feu, capable de se baigner dans les flammes et de les éteindre !

1515

Sacre de François Ier

Couronné le 25 janvier 1515, François Ier hérite d'un royaume fort. Il poursuit les guerres d'Italie, commencées par ses prédécesseurs. En septembre 1515, il remporte une éclatante victoire à Marignan, mais en février 1525 il échoue devant Pavie et se fait capturer par l'empereur Charles Quint. À peine libéré, François Ier reprend les hostilités, sans grand résultat. Le conflit s'enlise et, finalement, les deux hommes acceptent un compromis : la paix de Crépy, en 1544.

En Italie, François Ier découvre l'art de la Renaissance, qu'il introduit en France. Il fait venir auprès de lui plusieurs artistes italiens, dont l'orfèvre Benvenuto Cellini, le peintre Primatice et le génial Léonard de Vinci, qu'il nomme « premier peintre, ingénieur et architecte du roi ».

Sous son impulsion, les austères forteresses médiévales laissent peu à peu la place à d'élégants châteaux, largement ouverts sur de splendides jardins. Le Val de Loire se couvre de joyaux architecturaux, comme le château de Chambord.

CHRONO EXPRESS

- **1514** mariage avec Claude de France, fille de Louis XII
- **1515** sacre et victoire de Marignan
- **1520** entrevue du camp du Drap d'or

La cour est itinérante, mais François Ier réside souvent au château de Fontainebleau, qu'il apprécie particulièrement. Il y crée une grande galerie d'apparat, véritable chef-d'œuvre de l'art « Renaissance » en France.

AH BON ?

La Renaissance se développe en Italie vers 1400. Il s'agit d'un bouleversement des idées et des arts avec, notamment, un retour à la culture gréco-romaine.

LA STAR

Invité par François Ier, Léonard de Vinci s'installe à Amboise en 1516. Dans ses bagages se trouve *La Joconde*, l'un des plus célèbres tableaux du monde, aujourd'hui au Louvre.

1525 — défaite de Pavie et captivité

1530 — mariage avec Éléonore de Habsbourg

1539 — ordonnance de Villers-Cotterêts

LA CLASSE !

En 1520, François Ier de France rencontre Henri VIII d'Angleterre au camp du Drap d'or, ainsi nommé en raison de la luxueuse tente dorée de François Ier.

- **Renaissance**
- **Jacques Cartier** (1491-1557)
- le **Canada**, colonie française

1534
Cartier au Canada

Après la découverte de l'Amérique par Christophe Colomb en 1492, les Espagnols et les Portugais se partagent le monde en 1494 (traité de Tordesillas). Cette situation déplaît à François Ier, qui veut sa part d'or et de richesses. En 1534, il charge le navigateur Jacques Cartier d'explorer l'Amérique du Nord.

Cartier quitte Saint-Malo, traverse l'océan Atlantique et débarque au Canada le 24 juillet 1534. Il établit un premier contact avec la population locale et ramène en France deux Amérindiens. Les années suivantes, il fait deux autres voyages. Il remonte le fleuve Saint-Laurent, le long duquel il installe plusieurs camps, malgré les difficultés : hivers canadiens extrêmement froids, maladies, Amérindiens parfois hostiles... Lorsqu'il rentre en France, en 1542, Cartier n'a pas trouvé d'or, mais il a conquis un bout d'Amérique !

RESPECT !

Jacques Cartier prend possession du Canada au nom du roi de France. À Gaspé, il érige une haute croix marquée de trois fleurs de lys.

MOTIVÉE !

Les Français cèdent le Canada aux Anglais en 1763. Cependant, la province du Québec garde son héritage français, notamment à travers la langue.

CHRONO EXPRESS

- **1534** : premier voyage au Canada
- **1535-1536** : deuxième voyage
- **1541-1542** : troisième voyage

- **Renaissance**
- le **français, langue officielle ;** état civil
- renforcement du **pouvoir royal**

EN VO

« Nous voulons d'oresnavant que tous arrests... soient prononcés, enregistrés et délivrés aux parties en langage maternel françois et non autrement », dit l'article 111.

SYMPA !

En France, il y a deux grandes familles linguistiques : les langues d'oïl au nord (dont le français à Paris) et les langues d'oc au sud.

1539

Ordonnance de Villers-Cotterêts

Depuis Hugues Capet, la France a bien changé. Les rois capétiens ont récupéré nombre de fiefs et ont agrandi le domaine royal (terres du roi) jusqu'à ce qu'il couvre presque tout le royaume de France (unité politique). Bilan : le système féodal s'est affaibli et le pouvoir royal s'est renforcé ! Poursuivant cette politique d'unification, François Ier édicte, en août 1539, l'ordonnance de Villers-Cotterêts.

Ce texte très important contient 192 articles – sur la justice, la police et les finances – et prend deux mesures phares. D'une part, il ordonne que tous les actes de justice soient rédigés en français, au lieu du latin : il fait ainsi du français la langue officielle du royaume. D'autre part, il demande aux curés de tenir un registre des baptêmes et des enterrements : c'est le début de l'état civil.

CHRONO

L'ÉVOLUTION DU FRANÇAIS

900	1300	1635	1800
ancien français	français moyen	français classique (Académie française)	français moderne

- **Renaissance**
- **guerres de Religion** entre protestants et catholiques
- **Catherine de Médicis** (1519-1589), **Jean Calvin** (1509-1564)

1572

Saint-Barthélemy

En 1517, l'Allemand Martin Luther a publiquement contesté l'Église catholique. Son coup d'éclat a déclenché le mouvement de la Réforme et provoqué une nouvelle division des chrétiens : d'un côté, les catholiques, et de l'autre, les partisans de la Réforme, appelés « protestants » ou « huguenots ».

En 1562, des protestants sont tués à Wassy; la France sombre alors dans la guerre civile. En août 1572, la noblesse protestante est réunie à Paris pour célébrer le mariage d'Henri de Navarre et de Marguerite de Valois, fille de Catherine de Médicis et sœur du roi Charles IX. Poussé par ses proches, le roi en profite pour éliminer les chefs protestants.

Le 24 août, jour de la Saint-Barthélemy, les hommes du duc de Guise tuent l'amiral de Coligny et 200 autres nobles. Au petit matin, en découvrant le carnage, les Parisiens basculent à leur tour dans la folie meurtrière. Pendant trois jours, ils pourchassent et massacrent les protestants de la capitale. Cette ivresse sanguinaire touche également plusieurs villes de province, jusqu'en octobre.

AH BON ?

Martin Luther reproche à l'Église catholique son train de vie luxueux et son commerce des indulgences, c'est-à-dire le pardon des péchés contre de l'argent.

MALIN !

Protestant, Henri de Navarre accepte de se convertir au catholicisme en 1593 pour devenir roi de France, sous le nom d'Henri IV. Il fonde la dynastie des Capétiens-Bourbons.

CHRONO EXPRESS

- **1562** massacre de huguenots à Wassy
- **1569** Condé, chef des huguenots, tué à Jarnac
- **1572** massacre de huguenots à la Saint-Barthélemy

À Paris, la tuerie collective fait environ 3000 morts. Dans toute la France, elle fauche entre 20000 et 30000 huguenots, hommes, femmes et enfants ! Elle s'accompagne de pillages et de règlements de compte.

LA STAR

Jean Calvin est la principale figure de la Réforme en France, à l'origine du «calvinisme».

MOTIVÉE !

Catherine de Médicis, qui exerce le pouvoir à travers ses fils, se montre d'abord tolérante envers les protestants... avant de les combattre pour rétablir l'autorité royale.

1576
De Guise à la tête de la Ligue catholique

1588
De Guise assassiné à Blois

1598
signature de l'édit de Nantes

SYMPA !

Les guerres de Religion finissent le 13 avril 1598, quand le roi Henri IV signe l'édit de Nantes, qui reconnaît et autorise la religion protestante.

- **Grand Siècle** / dynastie des Capétiens-Bourbons
- **monarchie absolue**, rayonnement de la France
- **château de Versailles**

1661

Louis XIV, le Roi-Soleil

Louis XIV devient roi à l'âge de 5 ans, lorsque son père, Louis XIII, meurt. Toutefois, il ne dirige lui-même le royaume de France qu'à 22 ans. Ambitieux, il affirme sa suprématie en Europe et accroît son territoire, au prix de nombreuses guerres.

Roi bâtisseur, il assoit son prestige sur de grandes réalisations architecturales, comme le château de Versailles où il donne des fêtes somptueuses. Il assure le rayonnement de la France à travers les arts, les lettres et les sciences. Il apprécie particulièrement la musique de Lully et le théâtre de Molière, Corneille et Racine. Louis XIV aime aussi la compagnie des femmes. Marié à Marie-Thérèse d'Autriche, il multiplie néanmoins les conquêtes : Melle de La Vallière, Mme de Montespan, Mme de Maintenon…

Mais ce déploiement de puissance et de faste coûte très cher. Pendant que les nobles s'amusent à Versailles, le peuple est accablé d'impôts et vit dans une misère noire. De plus, Louis XIV se montre hostile aux protestants et révoque l'édit de Nantes.

SYMPA !

Durant la jeunesse de Louis XIV, la régence est confiée à sa mère, Anne d'Autriche, qui gouverne avec l'aide du cardinal Mazarin.

LA CLASSE !

Louis XIV adopte l'emblème du soleil car il veut être le centre du monde, unique et étincelant. Il se compare volontiers à Apollon, le dieu grec de la lumière et de la beauté.

CHRONO EXPRESS

- **1638** naissance de Louis XIV
- **1654** sacre, à 16 ans
- **1661** début du règne personnel
- **1682** installation de la cour à Versailles

Célèbre pour son architecture «classique» pensée par Le Vau et Hardouin-Mansart, sa galerie des Glaces décorée par Le Brun et ses jardins conçus par Le Nôtre, le château de Versailles fait la fierté de Louis XIV.

RESPECT !

Louis XIV fait triompher la monarchie absolue de droit divin. Il dirige seul l'ensemble de son royaume et pense tenir sa charge de Dieu.

MALIN !

Louis XIV conçoit Versailles comme une «prison» dorée. Il y attire la noblesse pour mieux la contrôler. Il l'oblige à suivre un cérémonial strict : l'étiquette.

1685
révocation de l'édit de Nantes

1715
mort de Louis XIV

LE POTIN

Gouvernante des bâtards royaux de Mme de Montespan, Mme de Maintenon gagne le cœur de Louis XIV, qui l'épouse secrètement à la mort de sa femme, en 1683.

- **Siècle des lumières** / Louis XV
- **esprit des Lumières**
- **Denis Diderot** (1713-1784) et **Jean Le Rond d'Alembert** (1717-1783)

1751

Publication de l'*Encyclopédie*

À partir de 1751, le philosophe Diderot et le mathématicien d'Alembert commencent à publier l'*Encyclopédie*, un énorme dictionnaire des sciences, des arts et des métiers. Ils veulent rassembler tous les savoirs de leur époque, aussi s'assurent-ils la participation des meilleurs spécialistes. Outre Diderot et d'Alembert, plus de 160 savants et écrivains rédigent des articles : le chevalier de Jaucourt, Rousseau, Voltaire…

À travers l'*Encyclopédie*, ces hommes diffusent les idées des Lumières, une nouvelle façon de penser qui met en avant la raison, la démarche scientifique, le progrès, la liberté et la tolérance. Malgré les reproches et les interdictions des autorités, ils n'hésitent pas à critiquer le pouvoir royal et l'Église catholique. En bref, c'est le début de la Révolution française !

SYMPA !

Protectrice des arts et des lettres, Mme de Pompadour, favorite du roi Louis XV, encourage la publication des deux premiers volumes de l'*Encyclopédie*.

HALLUCINANT !

Publiée sur 30 ans, l'*Encyclopédie* compte 35 volumes : 17 de textes, 11 d'illustrations, 5 de suppléments et 2 de table des matières.

CHRONO EXPRESS

- **1751** parution du premier volume de textes
- **1772** parution du dernier volume d'illustrations
- **1776** parution du « Supplément »
- **1780** parution de la « Table »

- **Siècle des lumières** / Louis XVI
- **guerre de l'Indépendance** américaine
- **La Fayette** (1757-1834)

1777

La Fayette en Amérique

Issu de la noblesse d'Auvergne, Gilbert Motier, marquis de La Fayette, reçoit une solide éducation militaire. En 1775, lorsque la guerre de l'Indépendance américaine éclate, il a 18 ans. Ce « vent de liberté » l'enthousiasme. Il prend fait et cause pour les « rebelles » américains, opposés aux colons anglais. En 1777, il quitte la France et rejoint George Washington, le chef de l'armée révolutionnaire américaine.

Deux ans plus tard, il persuade les Français de soutenir militairement les Américains. En 1781, à la bataille de Yorktown, les forces franco-américaines remportent une victoire décisive sur les troupes anglaises, et La Fayette sort du conflit auréolé de gloire. Par la suite, il participe activement à la Révolution française (1789) et à la révolution des Trois Glorieuses (1830). Il est surnommé le « héros des deux mondes ».

MOTIVÉ !

Malgré l'interdiction de Louis XVI, le jeune marquis de La Fayette veut absolument partir pour l'Amérique : il s'enfuit et embarque secrètement en Espagne.

BIEN DIT !

En 1917, alors que les Américains entrent dans la Première Guerre mondiale aux côtés de la France, le colonel Stanton déclare : « La Fayette, nous voilà ! »

CHRONO EXPRESS

- **1777** blessure à la bataille de Brandywine
- **1779** mission diplomatique en France
- **1781** victoire de Yorktown
- **1784** voyage triomphal en Amérique

- **Révolution française** / Louis XVI
- **abolition des privilèges**, Déclaration des droits de l'homme et du citoyen
- **fête nationale** française

1789

Prise de la Bastille

Sous le règne de Louis XVI, la France va mal : crise économique et financière, mauvaises récoltes, misère, etc. Pour tenter de résoudre ces problèmes, le roi convoque les États généraux le 5 mai 1789. Cette grande assemblée réunit des représentants des trois ordres : le clergé, la noblesse et le tiers état (la majorité de la population).

Les représentants du tiers état espèrent des réformes... en vain. Le 17 juin, ils se proclament Assemblée nationale, et, le 20 juin, ils jurent de ne pas se séparer avant d'avoir donné une constitution à la France ; c'est le serment du Jeu de paume. Inquiet, Louis XVI positionne des troupes autour de Paris, ce qui affole les Parisiens.

Le 14 juillet, ces derniers attaquent les Invalides et la Bastille pour prendre des armes. Ainsi débute la Révolution. Alors que les campagnes s'enflamment à leur tour, l'Assemblée nationale jette les bases d'une société nouvelle : elle vote l'abolition des privilèges le 4 août et la Déclaration des droits de l'homme et du citoyen le 26.

AH BON ?

Les représentants arrivent aux États généraux avec des «cahiers de doléances» réunissant les plaintes et les revendications des Français.

EN VO

Une constitution est un ensemble de lois fondamentales. Elle s'impose à tous, y compris au roi qui perd son pouvoir absolu.

CHRONO EXPRESS

- 5 octobre 1789 : marche des Parisiennes sur Versailles
- 6 octobre 1789 : retour de la famille royale à Paris
- 14 juillet 1790 : fête de la Fédération au Champ-de-Mars

TROP **GORE** !

Les révolutionnaires trucident et décapitent le gouverneur de la Bastille, le marquis de Launay, puis promènent sa tête au bout d'une pique à travers Paris !

SYMPA !

L'abolition des privilèges met fin au système féodal. La noblesse et le clergé (les religieux) perdent leurs avantages. Dorénavant, ils payeront des impôts, comme le tiers état.

Le 14 juillet 1789, des Parisiens en furie s'emparent de la Bastille, une forteresse-prison, symbole du pouvoir royal. Ils la pillent et la démolissent. Cet événement est à l'origine de la fête nationale française.

21 juin **1791**
fuite du roi et arrestation à Varennes

3 septembre **1791**
adoption de la première Constitution

14 septembre **1791**
serment du roi sur la Constitution

BIEN **DIT** !

« Les hommes naissent et demeurent libres et égaux en droits », article I de la Déclaration des droits de l'homme et du citoyen.

- **Révolution française** / Ire République (1792-1799)
- **fin de la monarchie**
- **Robespierre** (1758-1794)

Ire République 1792

Trois ans après le début de la Révolution, les révolutionnaires redoutent une intervention autrichienne pour secourir le roi. Le 20 avril 1792, ils déclarent la guerre à l'Autriche. Le 10 août, ils prennent d'assaut le palais des Tuileries et enferment la famille royale dans la prison du Temple. Le 20 septembre, ils battent les troupes autrichiennes à la bataille de Valmy.

Les révolutionnaires veulent en finir avec la monarchie : le 21 septembre, ils proclament la République. Dès lors, une nouvelle assemblée, appelée Convention, dirige et réorganise la France. Mais ce changement de régime ne se fait pas sans effusion de sang : le roi Louis XVI et la reine Marie-Antoinette sont condamnés à mort et guillotinés place de la Révolution (actuelle place de la Concorde) ; l'armée nationale se bat aux frontières ; la guerre civile fait rage, surtout en Vendée.

La Convention confie le pouvoir à Maximilien Robespierre. Celui-ci mène une politique répressive, dite de « terreur », jusqu'au 28 juillet 1794, date à laquelle il est lui-même guillotiné !

EN VO

On nomme « sans-culottes » les révolutionnaires issus du peuple car ils ne portent pas une culotte de soie comme les nobles, mais un simple… pantalon !

RESPECT !

La république est un système politique qui donne l'autorité au peuple. Ce dernier exerce son pouvoir en élisant des représentants qui gouvernent en son nom.

CHRONO EXPRESS

- 21 septembre 1792 : abolition de la royauté et instauration de la République
- 21 janvier 1793 : exécution de Louis XVI
- 5 septembre 1793 : début de la Terreur

MOTIVÉE !

La Convention multiplie les réformes. Elle change même le calendrier. Les mois s'appellent : nivôse, ventôse, germinal, floréal, messidor, thermidor, brumaire, frimaire, etc.

MALIN !

Outrée par l'exclusion des femmes de la vie politique, Olympe de Gouges rédige la « Déclaration des droits de la femme et de la citoyenne ».

Le 10 août 1792, une foule de sans-culottes s'empare du palais des Tuileries. La famille royale est épargnée, mais ses gardes suisses et ses domestiques sont massacrés. Cette journée marque la déchéance du pouvoir royal.

octobre **1793** – exécution de Marie-Antoinette

28 juillet **1794** – fin de la Terreur

22 août **1795** – mise en place du Directoire

LA CLASSE !

Chant militaire patriotique composé par Claude-Joseph Rouget de Lisle en 1792, « La Marseillaise » devient chant national en 1795 et hymne national en 1879.

- **Premier Empire** (1804-1814)
- **conquête de l'Europe, Code civil**
- **Napoléon Ier** (1769-1821)

1804

Napoléon Ier, empereur

D'origine corse, Napoléon Bonaparte débute sa carrière dans l'armée de la toute nouvelle République française. Fort de ses succès en Italie et en Égypte, il prend le pouvoir le 18 brumaire (9 novembre) 1799 : il renverse le Directoire et crée le Consulat.

Nommé Premier consul, il concentre entre ses mains l'essentiel du pouvoir et réorganise totalement l'État français. Le 2 décembre 1804, au faîte de sa gloire, il se fait couronner empereur des Français, sous le nom de Napoléon Ier. Puis il se lance à la conquête de l'Europe. Stratège de génie, il vole de victoire en victoire et, en 1811, contrôle un immense territoire.

Mais, à partir de 1812, la situation s'inverse : sa Grande Armée est anéantie en Russie et les échecs s'enchaînent. Le 6 avril 1814, Napoléon est contraint d'abdiquer et de s'exiler sur l'île d'Elbe. En mars 1815, il s'échappe et reprend le pouvoir... jusqu'à la défaite de Waterloo, en juin ! Définitivement banni, il finit sa vie sur l'île de Sainte-Hélène.

SYMPA !

Lors de la campagne d'Égypte, en 1798, Napoléon emmène avec lui 167 savants chargés d'étudier le pays. Grâce à lui, la civilisation des pharaons refait surface.

MOTIVÉ !

Napoléon dort peu, environ 4 heures par nuit. Le reste du temps, il travaille avec acharnement, dictant parfois plusieurs lettres en même temps.

CHRONO EXPRESS

- **1798** victoire des Pyramides, contre les Mamelouks
- **1805** défaite de Trafalgar, face aux Anglais ; victoire d'Austerlitz, contre les Autrichiens et les Russes
- **1806** victoire de Iéna, contre les Prussiens

QUEL **TALENT !**

Napoléon crée le Conseil d'État, la Banque de France, la Légion d'honneur, les lycées... En 1804, il promulgue le Code civil français, qui fixe les lois relatives aux personnes et aux biens.

DUR !

Napoléon reste 6 ans à Sainte Hélène, un îlot volcanique, isolé au milieu de l'océan Atlantique. Il vit dans une habitation sans confort, entouré d'une poignée de fidèles.

La bataille d'Austerlitz (en République tchèque) se déroule le 2 décembre 1805, jour du premier anniversaire du sacre de Napoléon Ier. Elle est considérée comme sa plus grande victoire et son chef-d'œuvre stratégique.

1807 victoire de Friedland, contre les Russes

1809 victoire de Wagram, contre les Autrichiens

1815 défaite de Waterloo, face aux Anglais et à leurs alliés

LE **POTIN**

Napoléon épouse d'abord Joséphine de Beauharnais. Mais, comme elle reste stérile, il divorce et se remarie avec Marie-Louise d'Autriche, qui lui donne un fils.

- **monarchie de Juillet** (1830-1848)
- **insurrection** populaire
- **Charles X** (1757-1836) et **Louis-Philippe Ier** (1773-1850)

Les Trois Glorieuses

1830

Après la chute de l'Empire, c'est le retour de la monarchie : la Restauration. Deux frères de Louis XVI montent successivement sur le trône : Louis XVIII et Charles X. Ce dernier méprise les idées de la Révolution et veut revenir à l'Ancien Régime. Sa politique impopulaire déclenche une insurrection à Paris. Durant les journées des 27, 28 et 29 juillet 1830, les Trois Glorieuses, des commerçants, des ouvriers et des étudiants dressent des barricades et prennent le contrôle de la capitale.

Chassé du pouvoir et contraint à l'exil, Charles X est remplacé par son cousin : Louis-Philippe Ier. Celui-ci instaure un régime favorable à la bourgeoisie d'affaires et soutient le développement économique de la France, mais il s'occupe peu du peuple. Son règne s'appelle la monarchie de Juillet.

QUEL TALENT !

Témoin des Trois Glorieuses, Eugène Delacroix s'inspire de cet événement pour peindre l'un de ses plus célèbres tableaux : *La Liberté guidant le peuple*.

RESPECT !

À Paris, au centre de la place de la Bastille, la colonne de Juillet rend hommage aux victimes des Trois Glorieuses.

CHRONO EXPRESS

- **1831** révolte des canuts (ouvriers de la soie) à Lyon
- **1832** épidémie de choléra
- **1834** émeutes à Lyon et à Paris
- **1835** attentat manqué contre Louis-Philippe

- **IIe République** (1848-1852)
- **suffrage universel**, abolition de l'esclavage
- **Alphonse de Lamartine** (1790-1869)

IIe République

1848

La misère du peuple et les inégalités sociales déstabilisent la monarchie de Juillet. Les 22, 23 et 24 février 1848, les Parisiens se soulèvent. Désemparé, Louis-Philippe Ier, le dernier roi de France, abdique. Les insurgés proclament la IIe République et forment un gouvernement provisoire, composé de personnalités diverses comme le poète Alphonse de Lamartine et l'astronome François Arago.

Ce gouvernement prend plusieurs mesures phares. Il établit le suffrage universel : auparavant, seuls les riches pouvaient voter; désormais tous les hommes d'au moins 21 ans y sont autorisés... les hommes mais pas les femmes! Il affirme la liberté de la presse et le droit de se réunir. Il supprime la peine de mort en matière politique. Sur proposition du sous-secrétaire d'État Victor Schœlcher, il décrète l'abolition définitive de l'esclavage dans les colonies françaises.

AH BON ?

Début 1848, un vent de révolte souffle sur toute l'Europe : Naples, Paris, Berlin, Vienne, Prague... C'est le «Printemps des peuples».

LA STAR

Le 25 février 1848, Alphonse de Lamartine impose le drapeau tricolore comme emblème national, au lieu du drapeau rouge.

CHRONO EXPRESS

- 27 avril 1848 : abolition de l'esclavage
- 4 mai 1848 : siège de l'Assemblée constituante
- 4 novembre 1848 : vote de la nouvelle Constitution

- **révolution industrielle**
- **machine à vapeur**, chemin de fer
- **centralisation** sur Paris

AH BON ?

La révolution industrielle naît au Royaume-Uni, dans les années 1760. Ensuite, elle se diffuse en Europe et arrive en France vers 1830.

RESPECT !

La révolution industrielle est sans doute le plus important changement depuis la révolution néolithique et l'invention de l'agriculture.

1849

Ouverture de la gare de l'Est

En 1849, les Parisiens découvrent l'« embarcadère de Strasbourg », la future gare de l'Est, construit par la Compagnie du chemin de fer de Paris à Strasbourg. Cette grande gare est la première d'une longue série. Elle symbolise à merveille la révolution industrielle qui bouleverse profondément la société française depuis quelques années.

Cette mutation se caractérise par une suite d'inventions et touche tous les domaines : travail, transport, communication. Une première révolution industrielle repose sur la machine à vapeur, le charbon, la métallurgie, l'industrie textile, le chemin de fer... Une deuxième révolution industrielle s'appuie sur l'électricité, le gaz, le pétrole, l'ampoule, le téléphone, l'automobile...

Cette industrialisation profite aux entrepreneurs et aux banquiers, membres de la bourgeoisie, mais elle maintient dans la précarité la main-d'œuvre pauvre, souvent venue des campagnes pour travailler à la mine ou à l'usine, qui forme la classe ouvrière.

CHRONO LES GRANDES INVENTIONS

- **1804** locomotive à vapeur (Richard Trevithick)
- **1876** téléphone (Graham Bell)
- **1886** voiture (Carl Benz)

Le train à vapeur devient le principal moyen de transport sur longues distances. Dans les années 1830, un immense effort d'aménagement du territoire est entrepris pour relier Paris à toutes les grandes villes de France.

SYMPA !

Avec l'industrialisation se développe l'architecture métallique (fonte, fer, acier). Elle sert à bâtir des gares, des grands magasins, des ponts, des usines, des églises...

DUR !

Dans les usines, beaucoup d'enfants travaillent pour une bouchée de pain. Le 22 mars 1841, une première loi interdit l'embauche des moins de 8 ans.

1903 — avion (Orville et Wilbur Wright)

1926 — télévision (John Baird)

1946 — ordinateur (John Eckert et John Mauchly)

MALIN !

De nos jours, on parle parfois d'une « troisième révolution industrielle », basée sur les énergies renouvelables, l'informatique, le numérique, Internet...

- **Second Empire** (1852-1870)
- **révolution industrielle**, transformation de Paris
- **Napoléon III** (1808-1873)

HALLUCINANT !

L'impératrice Eugénie possède une fabuleuse collection de bijoux et de crinolines, des robes spectaculaires, gonflées par un jupon à cerceaux métalliques.

LA HAINE !

L'écrivain Victor Hugo déteste Napoléon III. Il le critique violemment et le surnomme « Napoléon le petit ».

1852

Second Empire

Élu président de la IIe République le 10 décembre 1848, Louis-Napoléon Bonaparte, le neveu de l'empereur Napoléon Ier, défend l'héritage napoléonien et rêve de rétablir l'Empire. Le 2 décembre 1851, il organise un coup d'État et dissout l'Assemblée. Le 2 décembre 1852, il se fait proclamer empereur des Français sous le nom de Napoléon III. Le 30 janvier 1853, il épouse une belle Espagnole, Eugénie de Montijo, qui lui donne un fils.

Sous le Second Empire, la révolution industrielle bat son plein, la France est prospère. Napoléon III confie au baron Haussmann la mission de moderniser Paris. Le baron rase des quartiers entiers pour ouvrir de larges boulevards et construire des immeubles en pierre de taille. Les Parisiens assistent à la naissance des grands magasins, comme le *Bon Marché*, ouvert en 1852.

CHRONO
LES NOUVEAUX MONUMENTS DE PARIS

- **1852** : cirque d'hiver, par Hittorff
- **1854** : halles centrales, par Baltard
- **1860** : théâtre du Châtelet et théâtre de la Ville, par Davioud
- **1862** : opéra, par Garnier

- **IIIe République** (1870-1940)
- **guerre franco-prussienne**
- **Léon Gambetta** (1838-1882)

IIIe République 1870

Napoléon III ne voit pas d'un bon œil la montée en puissance de la Prusse. Le 19 juillet 1870, il déclare la guerre au roi Guillaume Ier de Prusse. Mais l'armée française est inférieure en nombre, désorganisée et mal commandée. Elle s'incline devant les Prussiens, qui envahissent l'Alsace et la Lorraine. Le 2 septembre, Napoléon III capitule à Sedan ; il est fait prisonnier. Le 4 septembre, Léon Gambetta, Jules Favre et d'autres députés prononcent sa déchéance ; soutenus par la foule, ils proclament la IIIe République.

De leur côté, les Prussiens poursuivent leur offensive. Ils encerclent Paris le 19 septembre et bombardent violemment la capitale. Acculé, le gouvernement provisoire français demande l'armistice le 28 janvier 1871. L'Alsace et une partie de la Lorraine reviennent à la Prusse.

MALIN !

Le 7 octobre 1870, Léon Gambetta quitte Paris, assiégé, à bord d'un ballon et rejoint Tours pour essayer d'organiser la résistance.

TROP GORE !

Coupés du monde, les Parisiens, affamés, mangent des chats, des chiens, des rats et même des animaux du Jardin des plantes : chameaux, éléphants, kangourous…

CHRONO — LA GUERRE FRANCO-PRUSSIENNE

- 2 septembre 1870 : défaite de Sedan
- 27 octobre 1870 : prise de Metz
- 28 janvier 1871 : armistice
- 10 mai 1871 : traité de Francfort

- IIIe République
- révolte
- Louise Michel (1830-1905)

1871

Commune de Paris

Les Parisiens vivent très mal la capitulation de la France face à la Prusse et n'apprécient pas le nouveau gouvernement, installé à Versailles et dirigé par Adolphe Thiers. Le 18 mars 1871, ils se soulèvent et élisent leur propre instance dirigeante, la Commune. Celle-ci veut changer la société : elle propose des réformes en faveur des ouvriers et milite pour l'émancipation des femmes.

Prêt à tout pour reconquérir Paris, Thiers envoie l'armée. Du 21 au 28 mai, durant la « Semaine sanglante », les combats font rage. Les communards résistent avec acharnement, mais ils succombent à l'impitoyable répression des Versaillais. Environ 20000 communards trouvent la mort, souvent fusillés ; beaucoup d'autres sont emprisonnés, condamnés aux travaux forcés ou déportés en Algérie et en Nouvelle-Calédonie.

LA STAR

Figure emblématique de la Commune, surnommée la Vierge rouge, Louise Michel combat sur les barricades... avant d'être déportée en Nouvelle-Calédonie.

TROP GORE !

Réfugiés dans le cimetière du Père-Lachaise, les derniers communards meurent fusillés contre le mur des Fédérés.

CHRONO EXPRESS

- **11 mai 1871** : démolition de la maison parisienne de Thiers
- **16 mai 1871** : destruction de la colonne Vendôme
- **23 mai 1871** : incendie du palais des Tuileries
- **24 mai 1871** : incendie de l'Hôtel de ville

- **IIIe République**
- **école gratuite**, obligatoire et laïque
- **Jules Ferry** (1832-1893)

L'école de Jules Ferry 1881

Homme de progrès, plusieurs fois ministre, Jules Ferry engage la France dans de grandes réformes. Il est particulièrement connu pour ses lois sur l'instruction publique. Le 16 juin 1881, il instaure la gratuité de l'enseignement primaire dans les écoles publiques. Le 28 mars 1882, il rend l'instruction obligatoire pour tous les enfants entre 6 et 13 ans. Il fait également de l'école publique une institution strictement laïque, c'est-à-dire sans connotation religieuse.

Ouverte à tous, l'école républicaine défend l'égalité des chances. Elle assure aussi l'unité de la nation. En effet, les instituteurs et les institutrices donnent des cours de morale et d'instruction civique. De plus, ils imposent le français, au détriment des langues régionales et des patois, qui sont interdits en classe.

AH BON ?

À l'époque de Jules Ferry, les filles et les garçons sont séparés à l'école. Il faut attendre le 11 juillet 1975 pour que la loi Haby rende la mixité obligatoire à l'école.

MALIN !

Célèbre manuel de 1877, *Le Tour de la France par deux enfants* met en avant la connaissance et l'amour de la patrie.

CHRONO EXPRESS

- **1882** école obligatoire jusqu'à 13 ans
- **1936** école obligatoire jusqu'à 14 ans
- **1959** école obligatoire jusqu'à 16 ans

- IIIᵉ République
- affaire d'État
- Alfred Dreyfus (1859-1935)

1894

Affaire Dreyfus

Issu d'une riche famille juive alsacienne, le capitaine Alfred Dreyfus rêve de faire carrière dans l'armée française. Mais, en 1894, il est accusé d'espionnage au profit de l'Allemagne et traduit devant le Conseil de guerre. Bien qu'il clame son innocence, Alfred Dreyfus est condamné à la déportation perpétuelle et envoyé sur l'île du Diable, en Guyane.

Cette décision divise profondément l'opinion publique et déclenche une crise nationale. Les dreyfusards parlent d'un procès truqué, sans preuve; ils crient à l'injustice. Les antidreyfusards refusent de désavouer l'armée et laissent éclater leur antisémitisme (haine des juifs). Finalement, les dreyfusards obtiennent la révision du procès. Alfred Dreyfus est gracié en 1899, puis innocenté et réintégré dans l'armée en 1906.

DUR !

Alfred Dreyfus est dégradé le 5 janvier 1895, dans la cour d'honneur de l'École militaire de Paris, lors d'une humiliante cérémonie publique.

MOTIVÉ !

Le 13 janvier 1898, Émile Zola publie dans le journal *L'Aurore* son fameux «J'accuse...!», un article qui défend Alfred Dreyfus.

CHRONO EXPRESS

- 22 décembre 1894 : condamnation
- 5 janvier 1895 : destitution du grade militaire
- 21 février 1895 : déportation
- 21 juillet 1906 : réhabilitation et fait chevalier de la Légion d'honneur

Séparation de l'Église et de l'État 1905

- **IIIe République**
- loi sur la **laïcité**
- **Aristide Briand** (1862-1932)

Depuis la Révolution de 1789, la France suit un long processus de laïcisation de la société et de l'État. Elle franchit une étape décisive avec la loi de séparation de l'Église et de l'État, soutenue par le député socialiste Aristide Briand et votée le 9 décembre 1905. Premièrement, cette loi assure la liberté de conscience et garantit le libre exercice des cultes : chacun peut croire ce qu'il veut. Deuxièmement, elle établit la neutralité religieuse : l'État ne soutient aucune religion.

Cette loi est assortie de dispositions qui touchent notamment l'Église catholique : l'État ne rémunère plus les prêtres ; il ne s'occupe plus de la nomination des évêques ; il se déclare propriétaire des églises et autres édifices religieux, qu'il entretient et confie gratuitement à des associations culturelles.

BIEN DIT !

«La République ne reconnaît, ne salarie ni ne subventionne aucun culte», déclare l'article 2 de la loi de 1905.

LE DÉTAIL QUI TUE

Allemandes en 1905, l'Alsace et la Moselle n'adoptent pas la loi de séparation de l'Église et de l'État. Encore aujourd'hui, elles jouissent d'un statut particulier.

CHRONO

LA LAÏCITÉ EN MARCHE

- **1789** liberté de conscience
- **1792** état civil et mariage civil
- **1882** école laïque
- **1885** funérailles nationales et laïques de Victor Hugo

- **Première Guerre mondiale** (1914-1918)
- guerre de **tranchées**, **poilus**
- **8,4 millions** de Français mobilisés ; **1,4 million** de tués

1916 Bataille de Verdun

Le 28 juin 1914, l'assassinat de l'archiduc austro-hongrois François-Ferdinand, à Sarajevo, déclenche la Première Guerre mondiale. Le 3 août 1914, l'Allemagne déclare la guerre à la France et envahit une partie de son territoire. Les deux armées se stabilisent face à face sur une ligne qui s'étend de la mer du Nord à la frontière suisse. Ainsi commence la guerre de tranchées : les soldats s'enterrent et s'accrochent à leur position ; toute avancée se fait au prix d'assauts meurtriers.

Durant l'année 1916, les Français affrontent les Allemands à Verdun et livrent leur plus célèbre bataille. Ils se battent avec acharnement et stoppent l'ennemi, mais les pertes humaines sont considérables : 163 000 Français et 143 000 Allemands !

La guerre se poursuit avec son lot d'horreurs jusqu'en 1918. Épuisée, l'Allemagne est finalement battue. Elle signe l'armistice le 11 novembre 1918 et accepte le traité de Versailles le 28 juin 1919. Ce texte l'oblige à rendre l'Alsace-Lorraine à la France.

AH BON ?

Durant le conflit, le monde se divise en deux blocs. Du côté de la France, le Royaume-Uni, la Russie, les États-Unis… Du côté de l'Allemagne, l'Autriche-Hongrie, la Bulgarie…

MALIN !

Jour et nuit, la Voie sacrée (la route entre Verdun et Bar-le-Duc) supporte une file continue de véhicules qui acheminent les hommes et le matériel.

CHRONO

LES GRANDES BATAILLES DE LA PREMIÈRE GUERRE MONDIALE

- septembre 1914 : 1re bataille de la Marne
- février-avril 1915 : bataille des Éparges
- février-décembre 1916 : bataille de Verdun

EN **VO**

Pourquoi le soldat français est-il surnommé «poilu»? Selon certains, parce qu'il ne se rase pas. Selon d'autres, parce que «poilu» signifie «brave» en argot.

TROP **GORE !**

Les poilus sont armés d'un fusil au bout duquel ils peuvent adapter une lame appelée baïonnette. Ils se battent aussi au couteau, au casse-tête ou à la grenade.

Dans les tranchées, les soldats vivent la peur au ventre. Ils subissent le froid et la pluie qui transforme le moindre boyau en bourbier. Ils dorment peu, tout habillés. Ils se lavent à peine. Ils mangent mal.

juillet-novembre **1916** — bataille de la Somme

avril-mai **1917** — bataille du Chemin des Dames

juillet **1918** — 2e bataille de la Marne

DUR !

Cette guerre a mobilisé plus de 60 millions de soldats du monde entier : environ 10 millions ont été tués et plus de 20 millions ont été blessés. Elle a aussi causé la mort de nombreux civils.

- **IIIe République**
- **colonisation**, parcs d'attractions
- **succès populaire**

1931

Exposition coloniale

Le 6 mai 1931, une grande exposition coloniale ouvre ses portes à l'orée du bois de Vincennes, à Paris. Elle se veut la vitrine de l'empire français, qui compte des colonies aux quatre coins du monde : Maghreb, Afrique occidentale, Afrique équatoriale, océan Indien, Indochine (Asie du Sud-Est), océan Pacifique, Antilles... Son succès est immense.

Pendant 6 mois, près de 34 millions de visiteurs découvrent les colonies à travers des reconstitutions pittoresques : temples, palais, souks, villages africains... et toutes sortes d'animations exotiques : spectacles de danse, démonstrations artisanales, dégustations de nourriture, promenades à dos de dromadaire... Ils se familiarisent également avec la faune des colonies grâce à un aquarium tropical et à un parc zoologique, à l'origine du zoo de Vincennes.

AH BON ?

Sous la IIIe République, la France possède le deuxième plus grand empire colonial du monde, derrière le Royaume-Uni.

LA CLASSE !

Le clou de l'exposition est la réplique exacte du temple d'Angkor Vat (Cambodge), un vaste édifice surmonté de 5 tours, dont une de 55 m au centre.

CHRONO

LA COLONISATION FRANÇAISE

- **1635** Guadeloupe et Martinique
- **1638** Réunion
- **1842** Tahiti
- **1853** Nouvelle-Calédonie

- IIIe République
- grèves, réformes
- congés payés

1936

Front populaire

Lors des élections législatives des 26 avril et 3 mai 1936, les partis politiques de gauche (communiste, socialiste, radical) remportent une large majorité, dite de « Front populaire ». Dans la foulée, de nombreux Français se mettent en grève pour réclamer de meilleures conditions de vie. Un nouveau gouvernement est nommé le 4 juin 1936, dirigé par le socialiste Léon Blum.

À l'écoute des revendications populaires, celui-ci engage de grandes réformes : augmentation des salaires de 7 % à 15 %, réduction de la semaine de travail à 40 heures, instauration des congés payés (soit 15 jours non travaillés et rémunérés par an)... Durant l'été 1936, une foule d'ouvriers et d'employés prennent leurs premiers congés payés et découvrent les joies des vacances à la campagne, à la montagne ou à la mer.

BIEN DIT !

Le Front populaire résume son programme par un slogan : « Le pain, la paix, la liberté ». Il veut lutter contre la misère, les menaces de guerre et la montée du fascisme.

SYMPA !

Soucieux du bien-être des Français, le gouvernement crée un sous-secrétariat aux Sports et à l'Organisation des loisirs !

CHRONO EXPRESS

- 7-8 juin 1936 : augmentation des salaires (accords de Matignon)
- 20 juin 1936 : congés payés
- 21 juin 1936 : semaine de 40 heures

- **Seconde Guerre mondiale** (1939-1945)
- **France occupée**, Résistance
- **Charles de Gaulle** (1890-1970)

DUR !

Réactionnaire et autoritaire, le régime de Vichy limite les libertés individuelles. Il prend notamment des mesures contre les juifs.

LA HAINE !

Les 16 et 17 juillet 1942, à Paris, 13 152 juifs sont «raflés» (arrêtés), regroupés au Vel'd'Hiv, puis déportés vers les camps d'extermination nazis.

1940

Appel du 18 juin

Aux mains du parti nazi, dirigé par Adolf Hitler, l'Allemagne envahit la Pologne le 1er septembre 1939. Cette agression pousse la France et la Grande-Bretagne à lui déclarer la guerre le 3 septembre. L'Allemagne attaque le 10 mai 1940 et bat la France. Cette dernière est coupée en deux : une zone occupée au nord et une zone libre au sud.

Le 18 juin 1940, le général de Gaulle appelle les Français à lutter contre l'occupant et devient le chef de la Résistance. À l'inverse, le 22 juin 1940, le maréchal Pétain signe l'armistice et s'entend avec les Allemands. Il remplace la IIIe République par l'État français, installe son gouvernement à Vichy (en zone libre) et se lance dans une politique de collaboration.

Mais le 6 juin 1944, les Alliés débarquent en Normandie. Avec l'aide des résistants, ils libèrent la France. Véritable héros national, le général de Gaulle prend la tête du pays, en tant que président du Gouvernement provisoire. L'Allemagne est vaincue : elle capitule le 8 mai 1945.

CHRONO EXPRESS

- **mai 1940** : de Gaulle se bat à Montcornet, Crécy et Abbeville
- **juin 1940** : il quitte Bordeaux pour Londres
- **septembre 1941** : il crée le Comité national français
- **juin 1943** : il fonde, avec Giraud, le Comité français de la libération nationale

Réfugié à Londres, le général de Gaulle lance son célèbre appel au micro de la BBC (la radio britannique) : « Quoi qu'il arrive, la flamme de la résistance française ne doit pas s'éteindre et ne s'éteindra pas. »

RESPECT !

Mandaté par de Gaulle, Jean Moulin est parachuté en France pour organiser la Résistance intérieure : renseignement, sabotages, attentats...

AH BON ?

Durant l'Occupation, la vie quotidienne est difficile. Les Français manquent de nourriture et de vêtements, ils sont rationnés. Beaucoup ont recours au marché noir (commerce clandestin).

juin 1944

il crée le Gouvernement provisoire de la République française

août 1944

il entre triomphalement dans Paris

MOTIVÉS !

Américains, Britanniques et Canadiens... les Alliés débarquent en Normandie le 6 juin 1944, lors d'une gigantesque opération militaire qui mobilise 6 939 navires et 11 590 avions.

- **Gouvernement provisoire** (1944-1946)
- **suffrage universel**, émancipation féminine
- **33 femmes députées** en octobre 1945

1945

Vote des femmes

Alors que les Finlandaises votent depuis 1906, les Allemandes depuis 1918, les Turques depuis 1934… les Françaises sont exclues de la vie politique. Le Gouvernement provisoire du général de Gaulle met fin à cette injustice en 1944 : il leur accorde le droit de vote et d'éligibilité. Les Françaises se rendent aux urnes, pour la première fois, aux élections municipales du 29 avril 1945.

Cette avancée s'inscrit dans la longue histoire de l'émancipation des femmes en France : en 1924, les filles accèdent au même enseignement secondaire et au même baccalauréat que les garçons ; en 1938, les femmes mariées ne sont plus considérées comme des mineures. Mais il faut attendre 1965 pour que celles-ci puissent gérer leurs biens, ouvrir un compte en banque et exercer une activité professionnelle sans l'autorisation de leurs maris !

DUR !

Bien qu'elles soient éligibles depuis 1944, les femmes accèdent toujours difficilement au pouvoir : en 2011, elles ne représentent que 13,8 % des maires et 18,5 % des députés.

LE DÉTAIL QUI TUE

Malgré la sous-représentation des femmes en politique, la République française a pour symbole une figure féminine : Marianne.

CHRONO
LES FEMMES AU GOUVERNEMENT

- **1936** Irène Joliot-Curie, sous-secrétaire à la recherche scientifique
- **1947** Germaine Poinso-Chapuis, ministre de la Santé publique et de la Population
- **1974** Simone Veil, ministre de la Santé
- **1991** Édith Cresson, Premier ministre

- **IVe République** (1946-1958)
- **Instabilité politique**, croissance économique
- **Baby boom**

HALLUCINANT !

De 1946 à 1958, une vingtaine de présidents du Conseil se succèdent. Alors que certains restent à peine 1 mois, Guy Mollet se maintient 16 mois, un record !

DUR !

Vincent Auriol et René Coty sont les deux présidents de la IVe République. Cependant, la constitution leur accorde peu de pouvoir.

1946 IVe République

Au Gouvernement provisoire succède la IVe République : sa constitution est adoptée par référendum le 13 octobre 1946. Elle donne les pleins pouvoirs au Parlement (Assemblée nationale, Conseil de la République), qui contrôle le gouvernement (président du Conseil, ministres). Mais les partis ont du mal à s'entendre, et la France souffre d'une forte instabilité politique.

En revanche, elle jouit d'une formidable croissance économique. C'est le début des Trente Glorieuses, trente années de prospérité durant lesquelles le pays se développe : réparation des dommages de guerre, essor industriel, plein emploi, etc. Les Français découvrent la société de consommation ; tous veulent un lave-linge, un réfrigérateur, un téléviseur, une voiture... Ils font beaucoup de bébés : ce pic de natalité s'appelle le « baby boom ».

CHRONO
LES AVANCÉES SOCIALES

- **1945-1946** : mise en place de la Sécurité sociale
- **1950** : instauration du salaire minimum interprofessionnel garanti (SMIG)
- **1958** : création de l'Assurance chômage (Assédic, Unédic)

Diên Biên Phu

1954

- **IVe République**
- **guerre d'Indochine**, décolonisation
- **55 jours de bataille**, du 13 mars au 7 mai

Après la Seconde Guerre mondiale, l'empire colonial français s'effondre. Les peuples des colonies réclament leur autonomie et, si la France refuse, prennent les armes. En Indochine, la situation bascule le 2 septembre 1945, quand le communiste Hô Chi Minh proclame l'indépendance du Vietnam. Malgré une tentative de négociation, la guerre éclate fin 1946.

Les soldats français se heurtent aux combattants du Viêt-minh, qui se livrent à une guérilla acharnée : attaques surprises, embuscades, sabotages... Le conflit s'enlise et traîne jusqu'à la terrible bataille de Diên Biên Phu : le 7 mai 1954, le Viêt-minh lance un dernier assaut et l'emporte. Affaiblie, la France préfère «arrêter les frais». Le 21 juillet 1954, elle signe les accords de Genève et renonce à ses possessions indochinoises.

EN VO

L'Indochine regroupe le Vietnam (divisé en trois régions appelées Cochinchine, Annam et Tonkin), le Cambodge et le Laos.

TROP GORE !

Coincées dans la cuvette de Diên Biên Phu, les troupes françaises vivent deux mois d'enfer : tranchées boueuses, bombardements incessants, combats au corps-à-corps...

CHRONO
LA DÉCOLONISATION FRANÇAISE

- 2 mars **1956** : indépendance du Maroc
- 20 mars **1956** : indépendance de la Tunisie
- 2 octobre **1958** : indépendance de la Guinée
- **1960** : indépendance des pays d'Afrique noire

- IVe République
- construction européenne
- CECA, CEE

1957 Traité de Rome

Pour sceller leur réconciliation après la Seconde Guerre mondiale et défendre leurs intérêts dans le monde, plusieurs pays européens souhaitent s'unir. En 1950, les Français Jean Monnet et Robert Schuman proposent un accord économique. Ainsi naît la Communauté européenne du charbon et de l'acier (CECA) qui rassemble la France, l'Allemagne, l'Italie, la Belgique, les Pays-Bas et le Luxembourg.

Afin d'élargir leur coopération, le 25 mars 1957, ces pays signent le traité de Rome qui crée la Communauté économique européenne (CEE). Ils instaurent un « marché commun », à l'intérieur duquel les marchandises peuvent circuler librement, sans paiement de droits de douane. Ils mettent en place des politiques communes, notamment dans le domaine de l'agriculture. Le succès étant au rendez-vous, d'autres pays les rejoignent peu à peu.

MALIN !

La France et l'Allemagne décident de s'allier pour résister aux deux superpuissances de l'époque : les États-Unis et l'URSS.

AH BON ?

Le traité de Rome fonde aussi la Communauté européenne de l'énergie atomique (ou Euratom), un organisme chargé du développement de l'énergie nucléaire.

CHRONO

ENTRÉES DANS LA CEE

- **1973** : Danemark, Royaume-Uni, Irlande
- **1981** : Grèce
- **1986** : Espagne, Portugal

Ve République 1958

- **Ve République** (1958-en cours)
- **renforcement du rôle du président** de la République
- **Charles de Gaulle** (1890-1970)

EN VO

En 1958, le mandat présidentiel dure 7 ans : c'est un septennat. En 2000, il passe à 5 ans et devient... un quinquennat.

LE DÉTAIL QUI TUE

Le palais de l'Élysée, à Paris, est la résidence officielle des présidents de la République. Jadis, il appartenait à la marquise de Pompadour, la favorite du roi Louis XV.

Déchirée à propos de l'Algérie, qui réclame son indépendance, la IVe République se meurt... Pour résoudre cette crise, de nombreuses personnalités appellent à la rescousse le général de Gaulle, toujours très populaire. Celui-ci revient au pouvoir le 1er juin 1958 et lance une grande réforme de l'État. Le 28 septembre, les Français le suivent et approuvent la Constitution de la Ve République.

Cette constitution renforce le pouvoir du président de la République, qui contrôle les armées, dirige la diplomatie, oriente l'action du gouvernement... Il peut aussi dissoudre l'Assemblée nationale. Charles de Gaulle devient le premier président de la Ve République le 21 décembre 1958. Sur le plan international, il mène une politique énergique visant à affirmer la grandeur et l'indépendance de la France.

CHRONO

PREMIERS PRÉSIDENTS DE LA Ve RÉPUBLIQUE

- **1958 et 1965** – Charles de Gaulle
- **1969** – Georges Pompidou
- **1974** – Valéry Giscard d'Estaing

- **Ve République**
- **décolonisation**
- **700 000 Français d'Algérie** rapatriés en 1962

TROP GORE !

Attentats à la bombe et assassinats du FLN, tortures et exécutions de l'armée française... la guerre plonge l'Algérie dans un climat de terreur effarant.

AH BON ?

En 1962, arrivent en France les harkis, des Algériens engagés aux côtés de l'armée française, qui fuient les représailles du FLN.

1962

Fin de la guerre d'Algérie

Conquise à partir de 1830, l'Algérie est une colonie française très importante où vivent des Algériens et des colons français, appelés « pieds-noirs ». Sa décolonisation s'annonce difficile. Elle débute le 1er novembre 1954, par une vague d'attentats attribuée au Front de libération nationale (FLN). Le gouvernement français charge l'armée de rétablir l'ordre... sans succès. Les deux camps redoublent de violence.

À partir de 1958, le général de Gaulle met quatre ans pour sortir du conflit. Il se heurte notamment à l'Organisation armée secrète (OAS), qui veut absolument garder l'Algérie française. Finalement, il signe les accords d'Évian et reconnaît l'indépendance algérienne le 18 mars 1962. Cette résolution provoque l'exode de nombreux pieds-noirs, qui quittent l'Algérie pour s'installer en France.

CHRONO EXPRESS

4 juin 1958 — visite de de Gaulle à Alger, où il lance à la population : « Je vous ai compris ! »

22 avril 1961 — coup d'État manqué, appelé le « putsch des généraux »

8 septembre 1961 — attentat raté contre de Gaulle

- **Ve République**
- **revendications étudiantes**, malaise social, tension politique
- **grandes grèves**

1968

Révolte de mai

La contestation démarre à la faculté de Nanterre, le 22 mars 1968. Elle est menée par quelques étudiants, dont Daniel Cohn-Bendit, qui dénoncent la guerre des Américains au Vietnam. Le 3 mai, elle touche l'université de la Sorbonne et prend de l'ampleur. De nombreux étudiants descendent dans la rue, manifestent, dressent des barricades et affrontent les forces de l'ordre.

Ils rejettent les valeurs de leurs parents, la société de consommation, l'autorité du général de Gaulle... Ils parlent de paix, de liberté et d'amour. La crise étudiante vire ensuite à la crise sociale. Le 13 mai, les ouvriers rejoignent le mouvement. Ils se mettent en grève et occupent leurs usines. La France est paralysée, le pouvoir doit réagir.

Le 27 mai, le Premier ministre Pompidou signe les accords de Grenelle, favorables aux salariés. Le 30 mai, le président de Gaulle reprend la main. Il dissout l'Assemblée nationale et demande aux Français un vote de confiance, qu'il obtient. Les grèves cessent et l'ordre revient.

LA STAR

Allemand, né en France le 4 avril 1945, Daniel Cohn-Bendit s'impose comme l'un des principaux leaders du mouvement étudiant. Militant de gauche, il est surnommé « Dany le Rouge ».

MOTIVÉS !

Parmi les contestataires se distinguent des intellectuels : le philosophe Jean-Paul Sartre, le cinéaste Jean-Luc Godard, le chanteur Jean Ferrat...

CHRONO EXPRESS

- **13 mai** : grève générale et grandes manifestations
- **21 mai** : 8 à 10 millions de grévistes
- **30 mai** : discours du président de Gaulle
- **1er juin** : réapprovisionnement en essence

À Paris, le Quartier latin se transforme en champ de bataille : voitures brûlées, arbres coupés, vitrines brisées… Les étudiants jettent des pavés sur les forces de l'ordre, qui répliquent par des bombes lacrymogènes.

BIEN **DIT !**

« Il est interdit d'interdire », « Sous les pavés, la plage », « Prenez vos désirs pour des réalités » : tels sont les slogans de Mai 68.

SYMPA !

Les jeunes prônent l'amour libre. Les femmes accèdent à une plus grande liberté sexuelle, d'autant que la pilule contraceptive est en vente depuis 1967.

6 juin : reprise du travail dans la fonction publique

18 juin : reprise dans les usines Renault

QUEL **TALENT !**

Le 30 mai 1968, le président de Gaulle parle à la radio. Aussitôt, une foule immense se rassemble sur les Champs-Élysées pour soutenir son message de fermeté.

- **Ve République**
- **justice**, évolution de la peine maximale
- **François Mitterrand** (1916-1996)

1981

Abolition de la peine de mort

Homme politique socialiste, François Mitterrand remporte les élections du 10 mai 1981 et devient le quatrième président de la Ve République. Il est réélu le 8 mai 1988. L'une de ses grandes réformes concerne l'abolition de la peine de mort. En effet, à cette époque, les exécutions capitales sont légales en France : les condamnés ont la tête tranchée à l'aide d'une guillotine, un énorme couperet. La dernière exécution remonte à 1977.

Mais le président Mitterrand désapprouve un tel châtiment. Le 25 mai 1981, il gracie le dernier condamné à mort. Puis il charge son ministre de la Justice, Robert Badinter, de faire voter une loi. Celle-ci est adoptée par le Parlement le 9 octobre 1981. La peine maximale est désormais la réclusion criminelle à perpétuité, c'est-à-dire la prison à vie.

LE DÉTAIL QUI TUE

Le mot « guillotine » vient du docteur Guillotin, qui généralisa son utilisation pendant la Révolution française... pour éviter de pires supplices (décapitation à la hache, écartèlement, bûcher).

LA STAR

Né en 1928, Robert Badinter est un avocat brillant. Il milite contre la peine de mort depuis 1972.

CHRONO

PRÉSIDENTS DE LA Ve RÉPUBLIQUE (SUITE)

- 1981 et 1988 : François Mitterrand
- 1995 et 2002 : Jacques Chirac
- 2007 : Nicolas Sarkozy
- 2012 : François Hollande

2002

Passage à l'euro

- **Vᵉ République**
- Union européenne (UE), **monnaie unique**
- **€** = symbole de l'euro

RESPECT !

Le Parlement européen, composé de députés élus au suffrage universel direct, représente les citoyens. Il siège à Strasbourg, en France.

LA CLASSE !

Chaque billet a pour décor un style architectural : classique, roman, gothique, Renaissance, baroque et rococo, Art nouveau, moderne.

Le 7 février 1992, le traité de Maastricht donne naissance à l'Union européenne, qui succède à la CEE. Ce texte accorde de nouveaux droits aux citoyens de l'Union européenne : circuler librement d'un pays membre à l'autre, étudier dans le pays membre de son choix, travailler dans n'importe quel pays membre, voter aux élections locales et européennes.

Il prévoit également l'instauration d'une monnaie commune, pour faciliter les échanges commerciaux. Le 1er janvier 2002, la France adopte donc l'euro à la place du franc : 1 euro valant 6,56 francs. Elle entre dans la « zone euro » aux côtés de l'Allemagne, de l'Espagne, de l'Italie et d'autres pays membres, mais pas tous. En effet, certains pays membres, comme le Royaume-Uni, ne passent pas à l'euro. Actuellement, la zone euro regroupe 18 pays membres. L'Union européenne, elle, rassemble 28 pays membres. Elle compte environ 506 millions d'habitants, dont près de 66 millions de Français.

CHRONO

ENTRÉE DANS L'UNION EUROPÉENNE

- **1995** : Autriche, Finlande, Suède
- **2004** : Chypre, Estonie, Hongrie, Lettonie, Lituanie, Malte, Pologne, République tchèque, Slovaquie, Slovénie
- **2007** : Bulgarie, Roumanie
- **2013** : Croatie

Les grandes dates de l'architecture

Le chef-d'œuvre roman

L'église Sainte-Foy de Conques, dans l'Aveyron, est construite à partir de 1040-1050 dans le plus pur style roman : formes sobres et relativement massives, voûtes de pierre, ouvertures arrondies… Elle est célèbre pour son splendide portail sculpté…

La cité fortifiée

Citadelle unique au monde, Carcassonne s'est développée à partir de la puissante dynastie des Trencavel, vers 1100. Ses remparts se composent d'une double enceinte, hérissée de 52 tours. Ils protègent le château fort, la cathédrale et le village.

La merveille gothique

Détruite par un incendie en 1194, la cathédrale de Chartres est rebâtie dans le style gothique : architecture élancée, ouvertures en ogive (avec une pointe), formes hautes, fines et richement ciselées… Elle est réputée pour ses 176 magnifiques vitraux.

Le joyau de la Renaissance

Avec ses 440 pièces, Chambord s'impose comme le plus vaste des châteaux de la Loire. Surtout, il éblouit par la complexité de son escalier double et l'originalité de ses toits hérissés de tourelles. Édifié à partir de 1519, il doit sa conception à François Ier, probablement influencé par Léonard de Vinci.

Le modèle classique

Le domaine de Vaux-le-Vicomte est la création fastueuse de trois hommes réunis par Nicolas Fouquet : l'architecte Le Vau, le peintre-décorateur Le Brun et le jardinier-paysagiste Le Nôtre. Inauguré en 1661, il est si remarquable que le roi Louis XIV décide de s'en inspirer pour créer le château de Versailles.

Le symbole de Paris

Prouesse de l'architecture métallique, la tour Eiffel est le clou de l'Exposition universelle qui se tient à Paris en 1889. Imaginée par l'ingénieur Gustave Eiffel, elle culmine à 300 m et compte 3 étages. Sa charpente pèse 7300 tonnes de fer.

Le temple de l'art moderne

Voulu par le président de la République Georges Pompidou et inauguré en 1977, le Centre Pompidou est dédié à la création contemporaine. Imaginé par les architectes Richard Rogers et Renzo Piano, le bâtiment crée la surprise avec son ossature d'acier apparente, ses escaliers roulants extérieurs, ses tuyaux colorés visibles...

L'esthétique actuelle

L'Arche de la Défense se trouve dans le quartier d'affaires de la Défense, à l'ouest de Paris. Elle abrite des bureaux. Inaugurée en 1989, elle s'élève dans l'axe de l'Arc de Triomphe, dont elle imite la forme, en beaucoup plus moderne !

Les grandes dates de la littérature

L'esprit de la Renaissance

François Rabelais publie *Pantagruel* en 1532, puis *Gargantua* en 1534, les histoires de deux géants dotés d'une force et d'un appétit formidables. Son œuvre mêle la fantaisie, le merveilleux, le comique et le réalisme car il décrit les mœurs de son temps.

Le maître de la tragédie

Jean Racine est le plus fameux représentant de la tragédie classique française. Il écrit plusieurs pièces de théâtre inspirées de la mythologie gréco-romaine : *Andromaque* en 1667, *Iphigénie* en 1674, *Phèdre* en 1677... Sa gloire est telle qu'il est élu à l'Académie française et qu'il devient l'historien du Roi-Soleil.

L'as de la comédie

Né Jean-Baptiste Poquelin, Molière est l'un des plus grands écrivains français. Auteur de comédies, comédien et chef de troupe, il crée une trentaine de pièces : *Tartuffe* en 1664, *Dom Juan* en 1665, *L'Avare* en 1668, *Le Bourgeois gentilhomme* en 1670, *Les Femmes savantes* en 1672, *Le Malade imaginaire* en 1673...

Le fabuliste

À partir de 1668, le poète Jean de La Fontaine publie ses *Fables* : *Le Corbeau et le Renard*, *La Cigale et la Fourmi*, *Le Lièvre et la Tortue*, *Le Loup et l'Agneau*... À travers ces animaux, il évoque les qualités et les défauts des hommes et délivre une morale.

La voix des Lumières

François-Marie Arouet, dit Voltaire, est un brillant homme de lettres et un philosophe. Il publie beaucoup, notamment des contes philosophiques, comme *Zadig* en 1748 et *Candide* en 1759, qui témoignent de son souci de vérité, de justice et de tolérance.

Le génie romantique

Poète, romancier, dramaturge, critique, intellectuel engagé, Victor Hugo est un auteur d'une stature incomparable. Il a notamment écrit *Hernani* en 1830, *Notre-Dame de Paris* en 1831, *La Légende des siècles* à partir de 1859 et *Les Misérables* en 1862. Il est considéré comme le chef de file du romantisme français.

L'illustre romancier

Entre 1871 et 1893, Émile Zola publie le cycle des « Rougon-Macquart » : *L'Assommoir*, *Nana*, *Germinal*, *La Bête humaine*... soit vingt livres qui racontent l'histoire d'une famille sous le Second Empire. Romancier « naturaliste », il souligne la force de la nature et des instincts.

Le combattant

Résistant, journaliste militant, philosophe, écrivain, Albert Camus est une personnalité incontournable de l'après-guerre. À la Libération, il dirige le journal *Combat*. Il publie *L'Étranger* en 1942 et *La Peste* en 1947. Il reçoit le prix Nobel de littérature en 1957.

Les grandes dates des sciences et des techniques

La machine à vapeur

En 1679, le physicien Denis Papin fabrique le « Digester », l'ancêtre de l'autocuiseur. Il travaille sur la possibilité de transformer la vapeur d'eau sous pression en énergie. Il est à l'origine de la machine à vapeur, qui jouera un rôle essentiel pendant la révolution industrielle.

La montgolfière

Joseph et Étienne de Montgolfier construisent le premier ballon à air chaud en 1783. En septembre, devant Louis XVI et Marie-Antoinette, ils envoient dans le ciel un coq, un mouton et un canard. En novembre, Pilâtre de Rozier et le marquis d'Arlandes sont les premiers hommes à voyager dans les airs, au-dessus de Paris.

Les conserves

En 1795, Nicolas Appert met au point une méthode de conservation des aliments en les stérilisant par la chaleur dans des contenants hermétiques : des bouteilles en verre. En 1802, à Massy, il ouvre la première fabrique de conserves au monde. Il ne dépose pas de brevet car il préfère offrir sa découverte à l'humanité plutôt que de s'enrichir.

La photographie

Le physicien Nicéphore Niepce est considéré comme l'inventeur de la photographie. En 1827, depuis la fenêtre de sa maison de Saint-Loup-de-Varennes, il prend *Le Point de vue du Gras*, la première photographie connue, réalisée grâce à une chambre noire et à une plaque d'étain recouverte de bitume de Judée.

Le vaccin contre la rage

Biologiste et chimiste, Louis Pasteur étudie la vaccination. En 1885, il sauve un jeune Alsacien, Joseph Meister, mordu par un chien enragé. Il démontre l'efficacité du vaccin contre la rage. Ses recherches entraînent la fondation de l'Institut Pasteur, à Paris.

Le cinéma

Louis et Auguste Lumière sont les pionniers du cinématographe. En 1895, ils tournent et projettent en public leur premier film : *La Sortie de l'usine Lumière à Lyon*. Ils réalisent aussi d'autres courts métrages comme *L'Arroseur arrosé* et *L'Arrivée du train en gare de La Ciotat*.

La radioactivité

En 1896, Henri Becquerel découvre la radioactivité de l'uranium : ce métal émet naturellement des rayons. Il est rejoint par Marie et Pierre Curie, qui démontrent la radioactivité du polonium et du radium. En 1903, ils reçoivent tous les trois le prix Nobel de physique.

La carte à puce

En 1974, Roland Moreno met au point une carte en plastique dotée d'une « puce », un petit circuit intégré qui peut stocker toutes sortes d'informations. Son invention se décline aujourd'hui sous de multiples formes : carte bancaire, carte téléphonique, carte d'assurance maladie, carte pour téléphones mobiles !

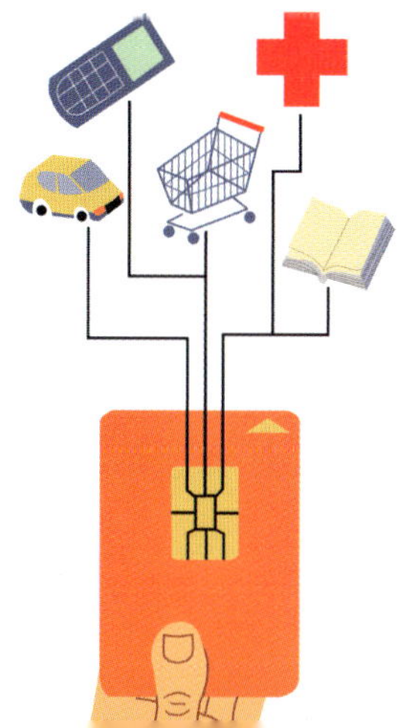

L'histoire de France

Le règne le plus long

Louis XIV, le Roi-Soleil, a régné 72 ans. Il est monté sur le trône en 1643, à l'âge de 5 ans, et il est mort en 1715, à 77 ans. Cette longévité lui a permis de marquer profondément son temps.

Le roi le plus maladroit

Le 7 avril 1498, Charles VIII se trouve au château d'Amboise. En se rendant au jeu de paume, il se cogne violemment le front contre le linteau d'une porte et meurt, à l'âge de 27 ans.

La dynastie la plus durable

Les Capétiens ont dirigé la France pendant quelque 800 ans d'affilée, de 987 à 1792. Mais il y a eu plusieurs branches : les Capétiens directs, puis les Valois et les Bourbons.

Le plus beau parti

Héritière d'un immense territoire, Aliénor d'Aquitaine est très convoitée. En 1137, elle épouse le roi de France Louis VII, puis, en 1152, elle épouse le roi d'Angleterre Henri II.

Le règne le plus court

Le 2 août 1830, pendant les Trois Glorieuses, Louis XIX a été roi durant environ 20 minutes, entre l'abdication de son père, Charles X, et sa propre renonciation.

en dix records

Le jour le plus sanglant

Au tout début de la Première Guerre mondiale, le 22 août 1914 est le jour le plus meurtrier de l'histoire de France. Environ 27000 soldats français sont tués dans les Ardennes.

La présidence la plus longue

Élu en 1981 et réélu en 1988, le socialiste François Mitterrand est resté 14 ans au pouvoir. C'est le président de la République ayant exercé le plus long mandat.

La Française la plus âgée

Jeanne Calment est née en 1875, à Arles. Elle est morte dans la même ville en 1997, à l'âge de 122 ans. Cette femme est l'être humain connu ayant vécu le plus longtemps au monde.

La présidence la plus courte

Élu le 27 juin 1894, sous la IIIe République, Jean Casimir-Perier est resté président durant seulement 203 jours. Peu à l'aise dans ses fonctions, il a démissionné le 16 janvier 1895.

Le musée le plus visité

Ancien palais royal, situé au cœur de Paris, le Louvre est le musée le plus visité au monde. En 2012, il a accueilli 9720000 visiteurs venus du monde entier.

DANS LA COLLECTION DES CONCENTRÉS
(livre papier et ebook)

Rois et reines de France
L'Égypte ancienne
Grandes capitales du monde
La mythologie grecque
Grandes dates de l'histoire
Inventions et inventeurs
Grands artistes
Le Moyen Âge
Grands personnages du XXe siècle
Monuments célèbres
Grands explorateurs
Histoire de France
Les États-Unis
Le cinéma

Maquette : Alice Nussbaum
Relecture : Karine Elsener
Photogravure : IGS

ISBN : 978-2-09-255303-9 - N° d'éditeur : 10201282 - Dépôt légal : août 2014
Achevé d'imprimer en juillet 2014 par Vincenzo Bona (Turin, Italie)
Loi n°49-956 du 16 juillet 1949 sur les publications destinées à la jeunesse,
modifiée par la loi n°2011-525 du 17 mai 2011